上海市交通工程学会技术专著

城市道路安全审图与排查技术及应用

编著　上海市交通工程学会
世界资源研究所
李威　蒋慧　刘岱宗

同濟大學出版社
TONGJI UNIVERSITY PRESS

内 容 提 要

本书以城市道路环境下的道路安全问题以及道路安全审图与排查两种技术方法为主要研究对象，讨论道路安全审图与排查技术的思想源流、技术方法与应用场景。以解决我国城市道路中常见安全问题为目标，引入国际经验与方法体系，同时结合我国及国际城市道路的具体问题探讨应用情境，目的是通过阐述道路安全理念，总结城市道路安全排查技术经验，分析城市道路常见安全问题及解决思路，为政府和业界同行在制度化、系统化保障城市道路安全方面提供思路、方法借鉴与案例参考。

本书可供从事城市规划、城市设计、道路工程、道路安全与交通管理方面研究与工作的相关技术与管理人员参考。

图书在版编目（CIP）数据

城市道路安全审图与排查技术及应用 / 上海市交通工程学会等编著 . -- 上海 : 同济大学出版社，2021.12

ISBN 978-7-5765-0081-3

Ⅰ. ①城⋯ Ⅱ. ①上⋯ Ⅲ. ①城市道路—交通运输安全 Ⅳ. ① U492.8

中国版本图书馆 CIP 数据核字（2022）第 003664 号

城市道路安全审图与排查技术及应用

编　著　上海市交通工程学会
　　　　世界资源研究所
　　　　李威　蒋慧　刘岱宗

策划编辑　虞同文
责任编辑　姚烨铭
装帧设计　潘向蓁
责任校对　徐春莲

出版发行　同济大学出版社　www.tongjipress.com.cn
（地址：上海市四平路 1239 号　邮编：200092　电话：021-65985622）
经　销　全国各地新华书店
印　刷　常熟市华顺印刷有限公司
开　本　787mm×1092mm　1/16
印　张　12.25
字　数　306 000
版　次　2021 年 12 月第 1 版　　2021 年 12 月第 1 次印刷
书　号　ISBN 978-7-5765-0081-3
定　价　78.00 元

序

为减少全球因道路交通引发的死伤人数，世界卫生组织及其合作伙伴——彭博慈善基金会发起“全球道路安全倡议行动”，并选择10个城市开始为期5年的示范性道路安全倡议行动。上海是我国唯一入选的城市。自2015年下半年起，在上海市健康促进协会、上海市交通工程学会、同济大学等单位，在卫健策略、世界银行、世界资源研究所、国际道路评估组织、美国约翰霍普金斯大学以及中国交通运输部公路科学研究院的技术支持下，共同组织实施“上海道路安全计划”。

在“上海道路安全计划”的实施过程中，国内外专家和广大科技工作者践行交通强国的国家战略，运用上海率先提出的“健康中国、健康城市”的理念，按照包含道路交通安全在内的“健康上海三年行动计划”，在道路安全全民宣传、道路安全设施改善、专业人员能力提升等方面积极开展工作，使上海道路安全状况得到有效改善。

在改善道路安全设施方面，推广应用国际上新的“道路安全系统方法”，结合改扩建、大中修、微改造和区区连接的道路工程，重点开展两项工作：一是进行道路设计审图，提出新颖的设计思路、合理的技术方案，落实于政通路、军工路、和静路、绿苑路、浏翔公路、江川路及剑川路等项目上，做到“用设计创造安全街道”；二是道路安全排查，先后实地踏勘排查杨浦区100多千米、嘉定区50多千米的道路网并进行安全等级评估，提出改进建议。这是国内首次开展大规模的城市路网安全排查。通过以上两项工作，营建更安全的街道空间、更安全的出行条件，符合上海2035发展规划和城市愿景，也有助于实现“以人民为中心”的交通建设发展的根本目标。

目前，“上海道路安全计划”实施已经告一段落。上海市交通工程学会、上海市健康促进会和世界资源研究所共同合作，组织专家撰写了《城市道路安全审图与排查技术及应用》一书，系统地介绍了道路安全审图与排查这一保障城市道路安全性的技术体系。它是一种低成本、高收益的技术方法，对保障城市道路安全具有重要作用。针对城市道路安全的审图与排查，适用于规划、设计、施工、调试及运营各阶段的各类道路交通工程项目，在国际上已有较多实践，在国内也开始进行探索、应用，并逐步得到普及。本书的研究重点正是基于此技术体系的理念、方法与应用，以期提升我国城市道路交通的安全性和可持续性。

2020 年 9 月，习近平主席在第七十五届联合国大会上作出中国于 2030 年实现碳达峰、2060 年实现碳中和的庄严承诺。我国“十四五”规划中明确提出加快建设安全、绿色的现代化综合交通运输体系，同时实施城市更新行动，推动解决城市发展中的突出问题。提升城市道路与交通的安全性将有利于综合交通体系的高质量发展，为绿色交通的发展提供重要保障。希望本书能为城市与交通安全领域的管理者与研究者提供参考。

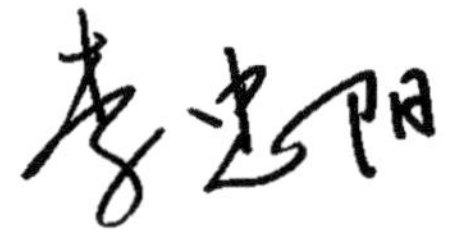

上海市健康促进会会长

2022 年元月

前　言

城市道路在交通安全“人、车、路”交通系统中提供基础条件，对城市发展及国民经济具有重要意义。我国拥有超过 43 万千米的城市道路（国家统计局，2019），且城市道路与交通基础设施的建设仍处于持续增长状态。仅 2019 年城市路网总里程就新增 3.8%，公交线网总里程新增 14.2%（高德地图，2019）。在城市道路基础设施存量庞大、增量持续的背景下，城市道路建设更需强调“一步到位的正确”，即在早期规划、设计与建设阶段就能确保其安全性，避免不安全的设计，降低可能的事故风险，减少后期的整改成本。

道路安全审图与排查技术正是为保证道路交通基础设施安全性尽可能“一步到位的正确”而产生的技术体系。其核心思想在于“预防胜于治疗”，在工程项目早期阶段或者日常养护时采用此方法，能有效解决道路安全问题。我国道路安全排查技术体系目前已有《公路项目安全性评价规范》（JTG B05—2015），针对公路项目安全进行评价指导。但道路安全排查方法仍未在我国城市道路广泛应用，针对城市道路的安全排查及方法体系仍亟需探讨。

探讨针对城市道路的安全排查方法正当其时。国际上，以“道路安全系统方法”（Safe Systems Approach）为代表的理念更加强调创建有宽容度的道路环境。而随着我国“以人为本”推进新型城镇化和以“绣花针”功夫开展城市治理理念的发展，中国城市也越发需要推进以城市交通安全问题为导向的精细化管理政策与方法。

本书由世界资源研究所和上海市交通工程学会合作撰写。总目标是阐述道路安全理念，总结城市道路安全排查技术经验，阐述城市道路常见安全问题及解决思路，为政府和业界同行在制度化、系统化保障城市道路安全方面提供思路、方法借鉴与案例参考。

本书以城市环境下的道路安全问题以及道路安全审图与排查两种技术方法为主要研究对象，重点阐述三个研究问题：一是以“零伤亡愿景”与“道路安全系统方法”为重点论述道路安全治理思路的演变，为道路安全审图与排查两种技术方法提供理念支撑；二是阐述国际上较为通用的道路安全审图与排查方法体系和操作流程，为本书奠定方法基础；三是阐述城市道路环境中常见的安全问题、解决思路，并介绍相关案例。

本书的编排按照理念、方法与应用三部分展开。

在理念部分，重点阐述道路安全治理思路的转变。解决道路交通事故问题的思路和理念在以“零伤亡愿景”和“道路安全系统方法”为代表的政策中体现了新的变化：由“被动应对”“道路使用者担责”“单部门管理”向“主动预防”“道路提供者与使用者共同担责”“多部门综合治理”转变。“道路安全系统方法”的核心理念在于交通系统应该创造一个宽容的环境，最大限度地降低由错误导致事故的可能性及事故的严重程度。“道路安全系统方法”在发展中国家也可以施行。其核心原则在于设立牵头统筹部门，明确目标并依靠数据决策，确立工作重点与行动计划，以及监测和评估干预措施。

在方法部分，重点阐述道路安全审图与排查的技术原理。城市道路安全审图与排查技术对保障城市道路安全具有重要效益，是一种低成本高收益的技术方法。道路安全审图与排查适用处于规划、设计、施工、调试运营及运营中（建成后）的各类道路交通工程项目，包括大中小型城市道路建设、城市规划、城市道路安全改善、城市道路日常养护翻修及公交系统建设等。本书还结合国际上通用的技术方法介绍了道路安全审图与排查的基本流程：前期流程包括立项与团队组建、资料收集与分析；中期流程包括现场踏勘与调研、团队交流与讨论；后期流程包括报告撰写与汇报、问题上报与解决、措施实施与跟踪等。

在应用部分，阐述城市道路安全排查与审图在不同道路情境下的应用。城市道路安全改善的工程措施应因地制宜。城市环境下道路安全审图与排查的常见应用情境可以按“面—线—点”来分类。在“面”的层面，城市中心区与城乡接合部环境的道路安全问题具有不同特点。城市中心区由于人、车、路和救援体系的相对完善，平均车速相对较低，其交通安全改善重点在于步行、自行车、公交可达性和过街设施等的更新升级；而城乡接合部由于发展时间短、设施缺失、管理较为缺乏，需要用更快、更经济的方式降低事故率和死亡率，同时也要关注交通性道路穿越生活性城区的问题，对道路进行安全改造。

在“线”的层面，城市交通中常见的弱势出行群体有行人、骑行者、公共交通使用者、机动与电动两轮车使用者4类群体。城市在推进可持续交通和道路安全提升时，应重点关注弱势出行群体的安全。除了技术措施以外，应重点关注系统性问题，具体包括以下几点：一是各出行系统的完整性、连续性、无障碍性；二是各出行系统之间的冲突，以及出行系统与建筑、绿化、公共空间等系统的冲突；三是出行系统的优先级，并切实落实到道路设计上。

在“点”的层面，城市道路的安全排查及改善应重点关注事故或冲突高发的路段和地点，以及弱势出行群体比较集中的路段，尤其应注意路口安全和校区安全问题。

本书整合了世界资源研究所出版的英文版报告《可持续和安全：道路伤害零死亡的愿景和指南》（*Sustainable and Safe: A Vision and Guidance for Zero Road Deaths*）中的部分内容，特此说明。

本书的出版得益于上海市交通工程学会虞同文副秘书长在相关项目中以及书籍企划、撰写、出版阶段的大力支持，在此表示特别感谢。

感谢卫健策略王晓静女士和上海市健康促进协会李忠阳会长在上海道路安全项目中的牵头与协调。感谢北京市城市规划设计研究院盖春英教授级高级工程师、交通部公路科学研究院张铁军高级工程师、同济大学交通运输工程学院王雪松教授、中国城市规划设计研究院城市交通院戴继峰副院长、公安部道路交通安全研究中心政策规划研究室刘金广副主任、北京市市政工程设计研究总院有限公司规划院王志刚副院长、世界卫生组织驻华代表方丹女士、3M公司交通安全产品部顾朝峰先生在书稿外部评审中给予的专业意见与建议。

感谢世界资源研究所领导方莉博士、房伟权博士，以及同事赖锦明（Kim Beng Lua）、薛露露、宋苏、邱诗永、李相宜、赵婷、赵雨滋、Claudia Adriazola-Steil、Vineet John、Alejandro Schwedhelm、Anna Bray Sharpin在书籍撰写过程中提供的专业意见与大力支持。

世界资源研究所实习生孙艺笑、常迪、张缪言、张祎靖、徐佳君、刘雅缇、赵飞飞、陈项珺在本书出版过程中贡献了力量，在此一并表示感谢。

囿于本书作者的知识与经验有限，书中难免有错漏之处，恳请读者批评指正。

李　威　蒋　慧　刘岱宗
2021年10月

目　录

1　理论

2 方法

3 应用

1 理论 Theories

第1章
绪　论

1.1　全球道路安全挑战与发展

在全球范围内，道路交通伤害是十分重要的公共健康问题，也是在全世界造成伤亡和残疾的主要原因之一。世界卫生组织 2018 年的安全报告中指出，交通事故在 2016 年导致全球近 135 万人死亡，数百万人受伤或残疾。其中，低收入国家的死亡率是高收入国家的三倍多，并且道路交通死亡 90% 发生在中低收入国家，而这些国家的机动车拥有量占全世界的 60%，死亡人数与机动化水平不成比例（WHO，2018），见图 1-1。中低收入国家的交通事故死亡人数占全世界交通事故死亡总人数的绝大部分，且

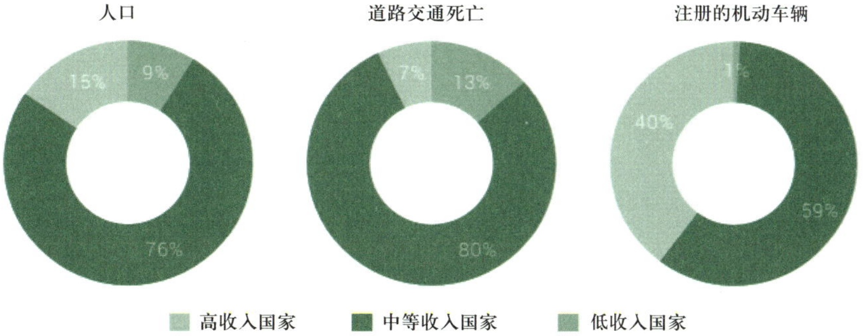

图 1-1　不同收入水平国家的人口、道路交通死亡与机动车注册车辆数量比例
来源：WHO，2018

注：收入标准遵循 2017 年世界银行分类。

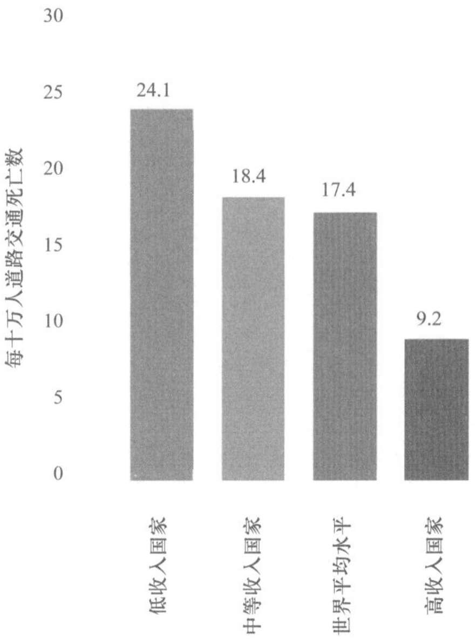

图 1-2　2013 年不同收入水平国家的交通事故死亡人数
来源：WHO，2015

从每十万人发生道路交通事故死亡人数来看，中低收入国家的数字也远高于高收入国家（WHO，2015），见图 1-2。

道路交通所带来的危害不仅仅是公共健康问题，还包括重大的社会经济问题，它所造成的经济损失可能会影响许多国家的经济和社会发展。相关数据表明，交通事故伤害是 15 ～ 29 岁人群的首要致死原因，80% 左右的死者为男性（WHO，2018），见图 1-3。从年龄段来讲，这部分人群处于劳动年龄，并且能继续工作数十年。交通事故造成的伤害会给家庭造成严重的经济负担，而这类负担对贫穷家庭则更为致命。不仅受害者的家庭需要承担直接的医疗和康复费用，而且由于受害者无法继续工作，或者

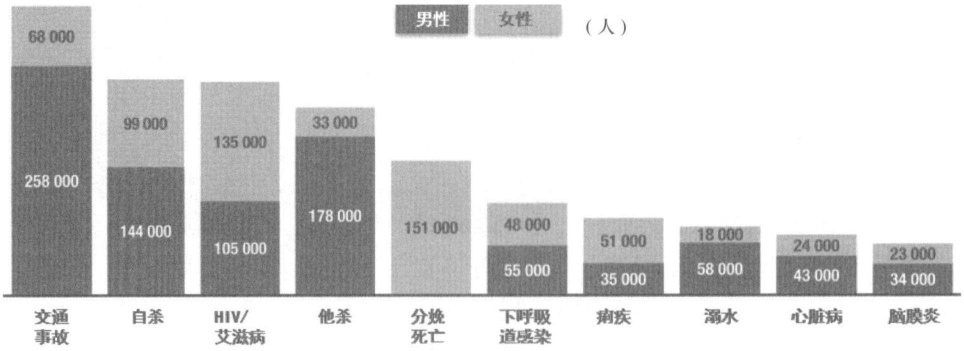

图 1-3　15 ～ 29 岁人口前十位死亡原因（2012）
来源：Sharpin，等，2018

身体残疾迫使其改行，造成了巨大的间接损失。韩国的一项调查显示，交通事故受害者的平均收入水平比全国平均水平低 40%，其中致残者的收入会大幅度降低 60%，三分之一的致残者甚至因为残疾而失去工作（Jung 和 Sul，2014）。

另外，在发展中国家，交通事故是导致 5 ~ 9 岁儿童死亡的第五大原因，也是导致 10 ~ 19 岁儿童及青年死亡的首要原因。其主要原因是儿童比成人更容易在复杂和缺乏安全保障的道路环境中受伤，不仅因为儿童身体脆弱，还因为他们缺乏自我控制能力，反应迟钝，不能正确地认识和判断危险（Silverman，2016）。

从整体上看，交通事故给医疗保险体系造成直接冲击，劳动力短缺会给社会带来间接损失，这都将给国民经济的发展带来客观的负面影响。特别是在中低收入国家，每年道路交通事故造成的损失为 650 亿～ 1000 亿美元，超过这些国家每年收到的发展援助总额。调查表明，在一些国家，如果道路交通事故受伤人数和死亡人数减少一半，24 年间人均国内生产总值可增长 7% ~ 22%（World Bank，2018）。据世界儿童健康和交通倡议估计，在 82 个中低收入国家，每年至少有 50 万人死于交通事故，650 万人因交通事故而受伤，由此产生的经济成本大约是 2200 亿美元，相当于这些国家 GDP 的 5%。这个数字远远超过 2015 年 经合组织（OECD）国家 1310 亿美元的海外发展援助（Watkins 和 Sridhar，2013；iRAP，2014）。

在道路使用者中，世界道路交通死亡人数中一半是“弱势出行群体”，即摩托车使用者（28%）、行人（23%）和骑自行车者（3%）。在发展中国家，行人、自行车和摩托车使用者在交通事故中的死亡人数居高不下，但这三类群体的死亡率因地区而异。其中，在东南亚地区，这三类道路使用者的死亡率高于世界其他地区，约占 60%，然而小汽车驾驶员交通事故死亡率仅 16%；在非洲地区，行人和自行车骑行者的死亡人数占交通事故死亡总人数的 44%（WHO，2018）。如表 1-1 所示。

表 1　世界部分地区道路使用者交通死亡比例

	四轮机动车驾乘人员	两轮或三轮机动车使用者	自行车骑行者	行人	其他
东南亚地区	16%	43%	2%	14%	25%
西太平洋地区	22%	36%	6%	22%	14%
东地中海地区	39%	15%	2%	34%	10%
非洲	40%	9%	4%	40%	7%
欧洲	48%	11%	5%	27%	9%
美洲	34%	23%	3%	22%	18%
全球	29%	28%	3%	23%	17%

来源：WHO，2018

改善道路安全需要针对所有相关因素，包括道路环境、车辆以及道路使用者，采取多方面的、系统性的战略与举措。道路安全规划应以道路使用者为中心，尤其应重视道路环境中弱势出行群体的安全保障。提升道路安全的工作应在立法、执法、教育、车辆、城市规划、道路工程设计等多方面开展。

伴随着道路安全知识的普及和专业学科的细分设置，人们对这一问题的严重性和迫切性的认识越来越深刻。近十多年来，全球道路安全工作呈现出良好势头。世界卫生组织和世界银行于2004年世界卫生日联合发表了《世界预防道路交通伤害报告》（*World Report on Road Traffic Injury Prevention*），其中阐述了预防道路交通伤害的基本概念、道路交通伤害的规模和影响、主要决定因素和道路安全风险，以及有效干预战略和措施。在同年4月，联合国大会通过了加强全球道路安全的第58/289号决议，确认联合国应该支持各国，并承诺解决全球道路安全危机。5月，在世界卫生大会通过WHA57.10号决议后，世界卫生组织正式成为全球道路安全协调机构，呼吁各成员国将道路安全作为一个重要的公共卫生问题来考虑，并采取措施减少道路交通伤害。

尽管更多国家对道路安全逐渐重视，但政治意愿和财政实力仍然是巨大阻力。为进一步推动全球道路安全工作，2010年，联合国大会启动了“道路安全十年行动计划”，在区域、国家和地方道路安全领域积极推动长期行动和跨区域协调机制。

可持续发展目标所涉更广泛的发展和环境议程还与道路安全有关。2015年9月，参加联合国大会的各国首脑通过了《2030年可持续发展议程》——一份对全球可持续发展具有重要指导意义的文件。在可持续发展目标中，SDG3.6明确规定了道路安全目标，即到2020年，全球道路交通事故死亡人数减半。与此同时，SDG11.2提出到2030年为所有人提供安全、方便、清洁的交通系统，并特别关注弱势出行群体的需求（UNSDG，2019）。这些目标的提出是道路安全领域取得的显著进展，表明各国已经认识到道路交通伤害对整个社会的负外部性影响，以及给家庭和社会带来的巨大经济负担，并关注安全的交通系统对社会公平性的影响。

1.2 我国城市化进程中道路安全问题与政策发展

随着我国城市化进程的加快，城市道路交通快速发展，机动车保有量、道路里程、道路交通流量、城市道路客货运量逐年攀升，道路安全问题也随之凸显。2019年我国道路交通事故死亡人数为6.3万人，受伤人数为25.6万人，造成的直接财产损失达13.5亿元（国家统计局，2020）。与全球趋势一致，道路交通事故是中国15～30岁年龄组人群死亡的首要原因（中国疾病预防控制中心，2017）。总体上，我国道路交通安全管理基础薄弱，仍存在许多基础性难题，道路交通事故总量仍较大，群死群伤的道路交通事故仍时有发生。

从 2003 年起，我国在国家层面采取了一系列举措，改善道路安全。首先，2003 年我国建立了全国道路交通安全工作部际联席会议制度，由国务院直接领导，建立推进道路交通安全的多部门合作机制。同年 10 月，第十届全国人民代表大会常务委员会第五次会议表决通过了《中华人民共和国道路交通安全法》，自 2004 年 5 月 1 日起施行。这是中国首部全国性的交通安全法规，为提高道路安全水平，预防交通事故发生提供了法律基础，具有极其重要的意义。其中强调了"以人为本"，并且应保护"弱势出行群体"（自行车和行人）免遭"强势群体"（机动车）的伤害。另外，《中华人民共和国道路交通安全法实施条例》也于同时期发布，要求"县级以上地方各级人民政府应当建立、健全道路交通安全工作协调机制，组织有关部门对城市建设项目进行交通影响评价，制定道路交通安全管理规划，确定管理目标，制定实施方案"。此项举措为省级道路安全机构的成立提供了依据。

2006 年，由全国道路交通安全工作部际联席会议编制的道路交通安全规划（《道路交通安全规划（2006—2010）》）推出，对实现道路安全也提出了明确的目标。2017 年 8 月，国务院安全生产委员会印发了《道路交通安全"十三五"规划》，明确了"十三五"时期我国道路交通安全工作的指导思想、规划目标、主要任务和重大工程。其中还规定了道路安全量化目标，包括道路交通事故万车死亡率下降 4% 以上，营运车辆万车死亡率下降 6%，较大以上道路交通事故起数下降 8% 以上，等等。这对切实提高我国道路交通安全水平具有重大意义。

在国家"十四五"期间向社会主义现代化国家建设迈进的背景下，城市道路安全工作可以成为开展新型城镇化建设、推动绿色发展、提升国民健康与素质、推升安全水平等工作领域的重要抓手。《中共中央关于制定国民经济和社会发展第十四个五年规划和二〇三五年远景目标的建议》提出，"十四五"期间，我国将深入推进以人为核心的新型城镇化战略，全面提升城市品质。"十四五"规划中也明确提出建设自行车道、步行道等慢行网络，建设低碳城市，完善道路安全设施等城市建设要求。随着我国"以人为本"推进新型城镇化和以"绣花针"功夫开展城市治理理念的发展，中国城市也越发需要出台进一步提升城市交通安全性的精细化管理政策与方法。

城市交通安全性问题也与全球气候治理、可持续发展等重大议题紧密相关。2020 年 9 月，我国提出 2030 年前碳达峰、2060 年前碳中和目标的重大气候承诺。城市建设与城市交通也将作为碳减排与碳达峰的工作重点；步行、骑行、公共交通等低碳绿色出行方式将会发挥更为主导的作用。交通安全问题将是影响城市出行模式转变的重要考量，也会为城市碳达峰与碳中和贡献重要的协同力量。

1.3 我国引入城市道路安全审图与排查技术的意义

我国目前加强道路交通安全工作，主要依赖传统的交通管理部门路面执法，通过干预道路使用者的行为来减少道路安全事故的发生。然而，越来越多的研究与实践表明，交通安全提升是一项系统的工作，不仅需要交通管理部门的执法管理，同样需要从道路设计、车辆性能、政策法规、体制机制等维度出发，提升整体道路交通的安全性。传统的道路安全改善的思维范式需要转变。

交通安全事故的发生由众多因素决定，不能归结于某单一原因。影响交通安全的因素包括人、车、道路及其环境，这些因素的相互作用导致了事故的发生。道路是影响交通安全的重要因素之一，对交通安全有至关重要的影响。道路的危险性可能是由限速管理不当、缺少过街设施、慢行设施不安全等设计及管理原因造成。提高设计的安全性、合理性，以及对人为操作失误的包容性，并充分配合有效的交通管理措施，能大大降低交通事故的发生率，降低事故伤害的严重程度。

我国城市道路基础设施存量庞大，且呈不断增加的趋势，城市道路的事故伤亡数量居高不下，安全问题突出。当前，我国城市道路总里程已超过 43 万千米（国家统计局，2019），且城市道路与交通基础设施的建设仍处于持续增长状态，仅 2019 年城市路网总里程就新增 3.8%，公交线网总里程新增 14.2 %（高德地图，2019）。与此同时，交通管理部门的调查显示，我国城市道路总里程只占全国道路总里程的 7.5%，而城市道路交通事故数量却占全国道路交通事故总数的 45.8%，城市道路交通事故死亡和受伤人数分别占全国道路交通事故死亡和受伤总人数的 38.8% 和 10%，城市道路百千米交通事故发生率是高速公路的 4 倍，普通公路的 10 倍（赵琳娜，2018）。

在道路安全发展起步较早的发达国家，城市道路安全排查与审图技术已成为提升道路安全的重要手段，避免不安全的设计引发的风险，以减少后期整改成本。为了全面提升整个道路安全系统的有效性，可以在规划、设计、施工、评估阶段的道路交通工程项目中引入道路安全审图与排查技术，全周期地进行道路安全评估与改善，并从所有道路使用者的角度审视交通安全。道路安全审图与排查旨在找出项目中潜在的安全问题，并给予技术合理、安全、经济的可行性建议，使项目的事故风险性及严重性最小。审图与排查由独立、专业的审查人员给出关于项目的潜在事故风险和安全性能方面的审查结果预报告。

尽管我国对道路安全提升的相关政策进行了研究，但相对发达国家而言，起步较晚，也不全面。当前我国道路安全审图与排查的应用仅限于公路建设项目，尚未在事故伤亡比例较大的城市道路项目中应用。

针对我国城市道路安全问题突出、道路安全评估手段缺乏的现状，相关部门应积极引进国际上先进的道路安全理念和方法，推动道路安全改善思路的转变。将道路安全审图与排查工作引入城市各类道路建设和维护项目，可以提高道路交通工程的安全性，降低使用过程中的纠错成本，为数量庞大的基建项目提供保障。运用新的理念和技术手段，有利于提高城市道路交通安全水平，重塑城市出行环境，促进绿色健康出行。

1.4 研究对象

城市道路在交通安全“人、车、路”交通系统中提供基础条件，具有重要意义。在城市道路基础设施存量庞大、增量持续的背景下，城市道路建设更需强调“一步到位的准确”，即在早期规划、设计与建设阶段就能确保其安全性，避免不安全的设计，降低可能的事故风险，减少后期整改成本。道路安全审图与排查技术的核心思想是在工程项目早期阶段或者日常养护时进行干预，以最经济有效的方法解决道路安全问题。我国道路安全排查技术体系起步较晚，目前已有针对公路项目的安全评价指导，但道路安全排查方法仍未在我国广泛应用，针对城市道路的安全排查及方法体系仍亟待探讨。

本书以城市道路环境下的道路安全问题以及道路安全审图与排查两种技术方法为主要研究对象，讨论道路安全审图与排查技术的思想源流、技术方法与应用场景。以解决我国城市道路中常见安全问题为目标，引入国际经验与方法体系，同时结合我国城市道路的具体问题探讨应用情境。本书重点阐述三个研究问题：一是以“零伤亡愿景”与“道路安全系统方法”为重点，论述道路安全治理思路的演变，为道路安全审图与排查两种技术方法提供理念支撑；二是阐述国际上较为通用的道路安全审图与排查方法体系和操作流程，奠定方法基础；三是阐述城市道路环境中常见的安全问题、解决思路，并介绍相关案例。以车速管理、路口改造、公交系统及其可达性、自行车设施、城乡接合部道路、校区道路、城市中心区道路、过境公路及快速路等为主题展开探讨，并对道路安全措施的实施效果进行讨论和评估。

本书总目标是阐述道路安全理念，总结城市道路安全排查技术经验，阐述城市道路常见安全问题及解决思路，为政府和业界同行在制度化、系统化保障城市道路安全方面提供思路、方法借鉴与案例参考。本书整合了世界资源研究所出版的英文版报告《可持续和安全：道路伤害零死亡的愿景和指南》（*Sustainable and Safe*：*A Vision and Guidance for Zero Road Deaths*）的部分内容，特此说明。

1.5 本书结构

1．第一部分：道路安全治理思路的转变

第 1 章、第 2 章对我国道路安全的现状与背景进行了论述，并提出国际上解决道路交通事故问题的思路理念在以“零伤亡愿景”和“道路安全系统方法”为代表的政策中体现了新的变化：由“被动应对”“道路使用者担责”“单部门管理”向“主动预防”“道路提供者与使用者共同担责”“多部门综合治理”转变。“道路安全系统方法”的核心理念在于交通系统应该创造一个宽容的环境，最大限度地降低由错误导致事故的可能性及事故的严重程度。

2．第二部分：道路安全审图与排查技术方法

第 3 章至第 5 章介绍了国际上道路安全审图与排查的起源、基本要素、主要流程与实施效果。城市道路安全排查及审图技术对保障城市道路安全具有重要效益，可在规划、设计、施工、调试运营及运营中的各阶段干预，以提升道路安全。

城市道路区别于公路环境的主要特征是道路交通构成群体多元、交通流线复杂、街道环境均质性小，这些特征需要在城市道路安全审图与排查时重点考虑。

3．第三部分：道路安全审图与排查在城市道路的应用

第 6 章对城市道路安全问题进行分主题论述，并结合案例讨论道路安全审图与排查技术在城市道路场景中的具体应用。城市道路安全改善的工程措施应因地制宜考虑。针对不同的城市道路安全改善主题，讨论不同情景下道路安全的主要问题与排查重点。改善主题包括城市中心区道路安全、城乡接合部道路安全、城市街道步行与自行车设施安全、公共交通车站的安全可达、机电两轮车群体安全、路口改造以及校区道路安全等。

第 2 章
道路安全系统方法

道路安全系统方法是基于发达国家在道路安全领域探索形成的一套全面的理论框架，体现“以人为本”的道路安全理念，是当今道路交通系统安全设计和运营的基础，也是公认的考虑和应对道路网致命和严重伤亡事故风险最有效的方式。道路安全系统方法将道路安全视为许多要素相互作用的结果，这些要素构成动态系统，影响人们在道路上的行驶方式和行为表现，从而影响人们暴露在交通事故风险下的程度。当交通系统安全性较高时，也会产生广泛的社会效益，如可达性、身体运动、空气质量、气候变化和环境可持续性等。

道路安全系统方法的核心观点是道路上出现的重伤或死亡是不能被接受的。基于这项认知，该方法在道路安全的工作中提供了一系列战略指导和工作原则，并在多个行动领域中提供改善思路与工作重点，用以指导在实现消除死亡和严重伤害的长期目标过程中的行动。

2.1 道路安全系统方法概述

2.1.1 道路安全系统方法的形成与发展

自 20 世纪开始，道路安全理论与实践逐步发生着变化，随着人们对于道路安全研究的日益丰富与管理系统的建立，对“消除道路交通事故造成的死亡和重伤”也有了新的认识和目标。

20 世纪 50 年代以前，人们认为道路交通事故的发生是随机的（Wegman，2002）。随着交通工具的快速机动化，道路安全管理政策制定的重点将责任归咎于驾驶人，并主要依靠执法来管理道路使用者的行为。然而研究表明（Peden，等，2004），过分强调个人责任的作用，并把责任归咎于受害人，会导致其他责任方无法充分承担相应的责任。随着道路安全研究的完善，美国流行病学家 William Haddon 开发了道路安全系统框架，关注基础设施、车辆和道路使用者在事故不同阶段的影响，突出了全系统范围实施的必要性，形成了道路安全系统方法的理论基石（Haddon，1968）。此后，部分治理道路安全问题取得良好效果的国家开始采用减少死亡和重伤的量化目标来制定国家层面的行动计划。其中，瑞典和荷兰是最早采用道路安全系统方法改善道路安全的两个国家，它们的实践进一步促使道路安全系统强调了“碰撞中的动能转化导致人的受伤”，因而应基于“人会犯错”的考虑打造更有容错性的道路系统，减少严重或致命事故发生的可能性，降低事故造成的损伤程度。道路安全系统方法的形成与发展进程见表 2-1。

表 2–1　道路安全系统方法形成与发展的时间节点

时　间	发展历程
20 世纪 50 年代之前	道路交通事故被认为是意外发生事件，具有较大随机性
20 世纪五六十年代	政策制定的重点将责任归因于驾驶人，通过惩罚道路使用者的违规行为以干预其行为
20 世纪七八十年代	William Haddon 开发的道路安全系统框架提出全系统范围实施的必要性，形成了道路安全系统方法的理论基石
20 世纪八九十年代	道路安全系统方法在荷兰、瑞典得到应用

联合国大会启动“道路安全行动十年行动计划”，欧盟发布的《推进实现道路安全的欧洲：2011—2020 道路安全政策方针》（*Towards a European Road Safety Area：Policy Orientations on Road Safety* 2011—2020），经合组织发布的《实现零死亡：雄心勃勃的道路安全目标和安全系统方法》（*Towards Zero：Achieving Ambitious Road Safety Targets through a Safe System Approach*），皆将道路安全系统方法视为国际道路安全最佳做法。构建安全交通体系，需要强调公民享有安全交通的权利，指出安全体系理念与传统道路安全思想相比存在根本转变，重新界定交通安全管理的方式（OECD，2008；GRSF，2009；PIARC，2012）。国际组织和发达国家为道路弱势出行群体的需要提供了保障，帮助和鼓励低收入和中等收入国家逐步建立有效的安全管理制度，促进低收

入和中等收入国家改善道路安全综合管理的手段。这样做有助于节省因规划和设计的安全失误而产生的额外成本，并减少不平等问题。

2.1.2　道路安全系统方法的原则与案例

道路安全系统方法强调道路安全是由诸多要素（如道路状况、天气、车辆安全程度、道路使用者自身身体状况等）共同影响导致的，这些要素会在一定程度上影响道路使用者的行为与判断，从而导致道路安全的结果。道路安全系统方法基于人类容易犯错的理念，将错误的产生纳入预期之中。它所强调的不是人们如何犯错，而是在人类犯错时交通系统的防范能力为什么失效。“针对个体的方法将大部分管理资源用于减少人类犯错的可能性，而道路安全系统方法则倾向于将人、团队、任务、机制等不同对象构建为全面的管理系统（Reason，2000）。”道路安全系统方法已经被应用在很多领域以减少死亡，比如医院护理、核安全措施等（Haddon，1970）。

1. 道路安全系统方法的原则

道路安全系统方法的原则来自经合组织国际交通论坛（2016）所发布的原则。

（1）人在道路交通系统中难免会犯错，系统需要有容错能力。

（2）人体在事故碰撞中的耐受能力有限，易受伤害。

（3）道路系统的各个参与方应共同对道路安全负责，从设计、建造、管理、车辆、事故后急救等相关环节综合考虑，合力提升安全程度。

（4）交通系统应高效且安全，交通事故导致的死亡或重伤是不可接受的。

（5）在构建安全交通系统时，应采取积极主动的方式，而非在事故发生后才做出反应。

简而言之，人容易犯错，而且容易受伤。交通系统应该创造一个宽容的环境，尽量降低由错误导致事故的可能性和事故的严重程度。

首先，严重的交通事故是不可接受且可以预防的。为增加交通量或节约预算等其他理由而建设不安全的道路设施，从而牺牲社会整体的健康与福利是不可取的。安全和效率并非互斥，而是互补的。社会应设定零死亡或接近零死亡的目标，并为实现此目标开展必要工作。虽然许多国家无法在短期内实现零死亡或接近零死亡的目标，但设定这一目标反映了因事故导致的死亡不被接受且可以避免的思想。

其次，道路安全的责任不仅仅需要道路使用者承担，也应由参与交通系统设计与管理的多方共同分担，这些参与方包括立法、执法、管理、设计、工程等相关部门。在道路安全系统框架中需要强调协调和领导，因为安排各个参与方共同协作是一项重要挑战。瑞典的“零伤亡愿景”着重强调各参与方应与政府共同承担最终责任。如果道路上发生了死亡或重伤事故，需要研判问题，结合道路设计及管理的相关干预措施来提升道路安全，消除道路交通伤亡。

最后，道路安全系统方法要求必须采取综合全面的预防措施，为道路使用者创造多重保护，而不是仅在发生交通事故后才修补漏洞。理想情况下，一个交通系统中的每个防御层应没有漏洞，而实际上却并非如此。因此，系统中应包含多层防御、防护和保护措施，保障系统才不会失灵（Wegman，等，2006；Reason，2000）。道路安全系统中的防御层通常包括道路使用者行为、出行模式选择、车辆主动与被动安全系统、行驶速度管理、道路和路侧结构特征以及事故反应等。如果其他防御层存在较多缺陷，系统的安全性就会更大程度上取决于道路使用者的行为，就更容易受到人为失误的影响，从而增加发生严重甚至致命交通事故的风险。设计系统时，应将所有要素和要素间的相互作用考虑在内，增加防御措施，尽量减少系统中存在的漏洞。这一想法在荷兰的可持续安全计划项目中被用于提高道路安全性（Wegman，等，2008）。

2. 范式转变

道路安全系统方法转变了传统的道路安全工作范式。传统的道路安全思路着重于通过执法和教育改变人的行为，且以汽车使用者的安全为主，缺乏对弱势出行群体如行人和骑行者等群体的关注。传统思路强调道路使用者有责任避免交通事故，却忽略了交通系统的提供者也应对事故承担一定责任。

传统的干预措施包括广告宣传、立法强制使用安全带以及严禁酒驾等行为干预措施。虽然这些措施是道路安全战略的重要部分，但道路安全系统方法考虑更多的是涉及交通事故死亡和严重伤害的问题，以及其相互作用关系（ITF，2008）。道路安全系统方法高度重视行人和骑行者等弱势出行群体，因为他们面对交通事故时最容易受伤或死亡，而且对其他道路使用者的威胁最小。道路安全系统方法还强调系统设计师的责任。除了传统的执法和教育方法外，还可以通过系统方法保护这些交通事故中的弱势出行群体，比如设计能够降低车速的街道和步行、骑行安全空间。通过土地混合利用、密集开发和高效的公交系统，土地利用规划也可以帮助提升交通系统的安全性。这些土地利用规划措施能够减少机动车出行需求和行驶里程数，促进步行和骑行的交通方式，通过减少车辆行驶里程来降低交通事故风险。表 2-2 展示了传统思路和“零伤亡愿景”中决策者思路的区别。

3. 世界各地的道路安全系统方法政策

道路安全系统方法已经在数十年的应用中得到了发展和完善。自首次在欧洲使用后，道路安全系统方法已经在全世界多个国家、州和城市层面得到了应用（表 2-3）。该系统通常以公共政策的形式出台，旨在与公众建立联系，以达到预期效果。某些情

表 2-2　零伤亡愿景和传统思路的区别

对比方向	传统思路	零伤亡愿景
主要解决问题	交通事故风险	交通事故导致的死亡和重伤
事故成因	道路使用者的因素	人难免会犯错，但在交通事故中人易受伤，应将伤害降至最小
责任主体	道路使用者	道路系统相关参与方
道路安全需求	人们认为安全是可选的	人们渴望安全
道路安全目标	适当的死亡和重伤数	消除死亡和重伤

来源：Belin，2015；Belin，等，2012

况下，政策制定者使用“道路安全系统方法”的思路，最终的政策以其他名字命名，比如荷兰的“可持续安全愿景”。瑞典的“零伤亡愿景”是最著名的道路安全系统方法政策之一。其名称反映了该政策不接受任何交通事故死亡的根本原则，也提出了实现零交通事故死亡率的高目标。

表 2-3　一些地区道路安全系统方法相关政策的发展历程

政策名称	发展历程
零伤亡愿景（瑞典）	● 1994 年：“零伤亡愿景”首次提出。 ● 1997 年：瑞典国会通过《道路安全法案》（*Road Traffic Safety Bill*），并指派瑞典国家道路署（Swedish National Road Administration）为领导机构，同时由道路交通安全部（Road Traffic Safety Department）负责监督道路安全工作的执行。 ● 2003 年：成立道路交通安全督查组（Road Traffic Inspectorate），观察分析道路设计（受瑞典国家道路署监督）。 ● 2009—2010 年：机构安排调整。瑞典国家道路署与道路交通安全督察组被解散。 ● 2016 年：“零伤亡愿景”重新启动，瑞典交通署（Swedish Transport Administration）成为领导机构，并得到瑞典交通分析（Transport Analysis，为从事交通分析的政府机构）支持
可持续安全愿景（荷兰）	● 20 世纪 90 年代早期：在荷兰道路安全研究所（Institute for Road Safety Research，SWOV）的领导下，荷兰道路安全研究共同体制定了这一愿景。 ● 20 世纪 90 年代中期：“可持续安全愿景”成为荷兰交通政策的一部分，由地方执行，同时受中央政府支持。1997 年，24 个初始行动得到了荷兰所有政府部门的认可。 ● 2005—2020 年：“可持续安全愿景”包括五方面原则：道路的功能、交通流量与速度的同质性、道路设计的可预测性及可识别性、对环境及用路者的宽容度、用路者的意识
道路安全系统方法（澳大利亚）	● 20 世纪 80 年代：政府及道路系统管理人员应对道路安全负责的观点开始受到拥护。 ● 20 世纪 90 年代后期到 2010 年：澳大利亚多个州开始正式在政府声明、行动计划和策略中采用“道路安全系统方法”。 ● 2011 年：道路安全工作组（Road Safety Working Group）代表所有州和地区，起草了《澳大利亚道路安全战略》（*Australian National Road Safety Strategy*），采纳了“道路安全系统方法”原则。所有州和地区的相关政府部门以及联邦政府都将其写入法律
出行更安全行动计划（新西兰）	● 2011 年：新西兰全国道路安全委员会（National Road Safety Committee）公布了第一版《出行更安全行动计划》，指导 2011—2012 年的相关工作。 ● 2013 年：第二版《出行更安全行动计划》通过，指导 2013—2015 年的相关工作。新西兰交通部（Ministry of Transport）、新西兰交通局（The New Zealand Transport Agency）、交警部门、意外事故伤害保险公司（Accident Compensation Corporation）及其他机构也在同时进行道路安全工作

续表

政策名称	发展历程
零伤亡愿景（纽约市）	● 2002—2013 年：迈克尔·布隆伯格市长的行政团队发起行动，通过街道设计和车速管理改善街道安全状况。 ● 2012 年：交通替代组织（Transportation Alternatives）出版报告，呼吁并支持“零伤亡愿景”。 ● 2013 年：比尔·白思豪市长在活动中提出支持相关政策。 ● 2014 年：行动计划中约定了一个多部门共同参与的实现方法，使市政厅、市警察局（The Police Department）、市交通局（The Department of Transportation）、市出租车和豪华轿车委员会（The Taxi and Limousine Commission）及市健康与心理卫生局（The Department of Health and Mental Hygiene）共同参与。 ● 2014 年：纽约市通过了 11 项法案，实施“零伤亡愿景”，并使用市政权力控制车辆限速
零死亡愿景（美国州级政府）	● 21 世纪初早期：华盛顿州（2000）和明尼苏达州（2003）最先将“零死亡愿景”目标纳入道路安全规划中。交通、公共安全、健康等相关政府机构与高等院校开展合作（在明尼苏达州）。这些项目都明确指派了领导机构。 ● 2016 年：国家高速路规定（National Highway Provisions）激励州政府重视道路安全。新的交通法案要求对安全情况进行绩效衡量
零伤亡愿景（墨西哥城）	● 2014 年：墨西哥城政府通过了奠基性的交通法（Mobility Law），对城市出行和道路安全进行了改革。该法律要求制定新的城市整体规划和交通规章，并进行机构调整，同时这些工作都应基于交通等级。 ● 2014 年：《综合交通规划》（*Comprehensive Mobility Plan*）得到实施，交通秘书处（Secretariat of Transport）更名为交通出行秘书处（Secretariat of Mobility）。 ● 2015 年：新交通规章被采纳，着重于改善弱势出行群体的交通安全。 ● 2017 年：综合道路安全项目（Integrated Road Safety Program）得到实施。墨西哥城加入“零伤亡愿景”，加强了交通法律的影响

2.1.3 道路安全系统方法的影响

相比于传统方法，采用道路安全系统方法的许多国家、州和城市的道路死亡率下降更快。根据国际交通安全数据和分析组织（IRTAD，经合组织和国际交通论坛的交通安全数据部门）的研究，2000—2013 年，32 个成员国家的道路交通事故死亡人数下降了 42%（OECD，2015）。IRTAD 认为，这种总体的良好表现反映了“系统道路安全战略和计划”的有效性。这些战略和计划可以解决教育和执法的问题（如超速和违反交通规则），推进道路基础设施和车辆技术标准的发展，改善急救和医疗条件，以及解决经济问题（OECD，2015）。

世界资源研究所对 1994—2015 年间 53 个国家的交通事故死亡事件进行了补充分析（Welle，等，2018）。分析表明，采用道路安全系统方法的国家每 10 万人的死亡率最低且下降最快（图 2-1）。

瑞典和荷兰最先采用道路安全系统方法，采取的政策包括降低城市道路限速、改善交通网络规划、分离机动车与慢行交通（Eurostat，2017），在改善道路安全工作中取得了不俗的成绩。在 1994—2015 年间，瑞典每年的交通事故死亡率下降了 55%，每 10 万人中只有 3 人死于道路交通事故。在荷兰，1998—2007 年采取的措施减少了

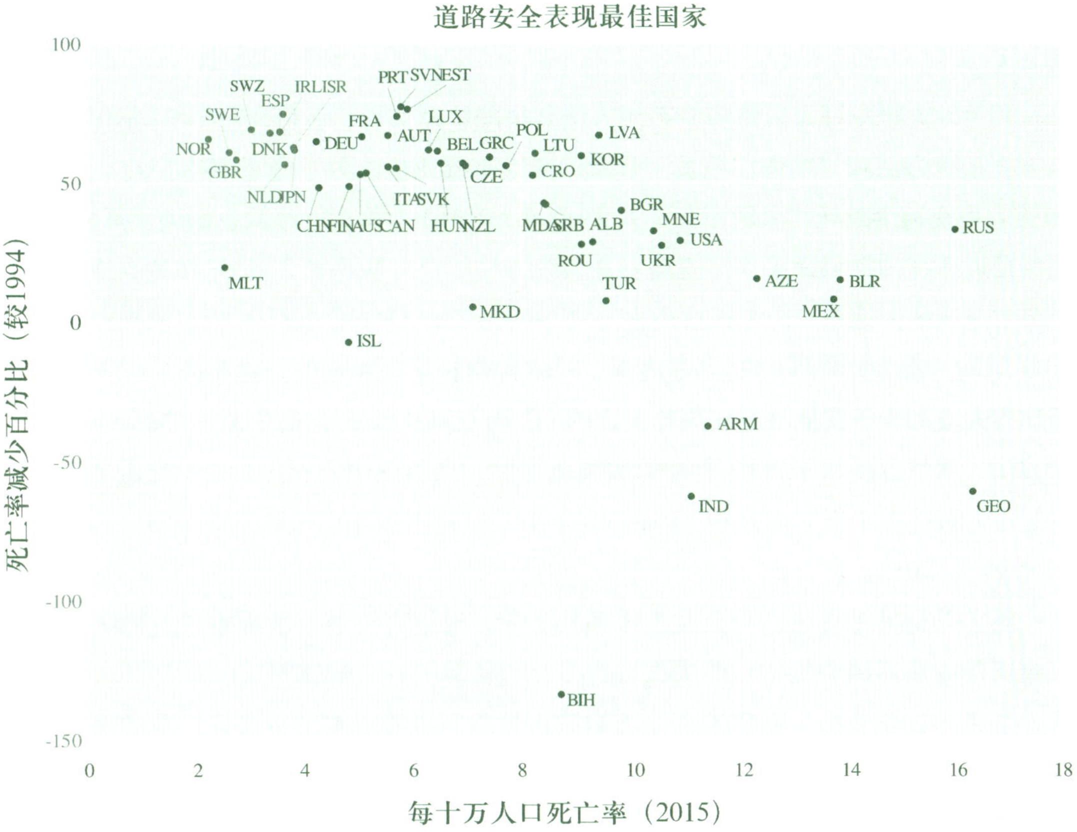

ALB	阿尔巴尼亚	CRO	克罗地亚	HUN	匈牙利	MDA	摩尔多瓦	ROU	罗马尼亚
ARM	亚美尼亚	CZE	捷克	IND	印度	MEX	墨西哥	RUS	俄罗斯
AUS	澳大利亚	DEU	德国	IRL	爱尔兰	MKD	马其顿	SRB	塞尔维亚
AUT	奥地利	DNK	丹麦	ISL	冰岛	MLT	马耳他	SVK	斯洛伐克
AZE	阿塞拜疆	ESP	西班牙	ISR	以色列	MNE	黑山	SVN	斯洛文尼亚
BEL	比利时	EST	爱沙尼亚	ITA	意大利	NLD	荷兰	SWE	瑞典
BGR	保加利亚	FIN	芬兰	JPN	日本	NOR	挪威	SWZ	瑞士
BIH	波斯尼亚和黑塞哥维那	FRA	法国	KOR	韩国	NZL	新西兰	TUR	土耳其
BLR	白俄罗斯	GBR	英国	LTU	立陶宛	POL	波兰	UKR	乌克兰
CAN	加拿大	GEO	格鲁吉亚	LUX	卢森堡	PRT	葡萄牙	USA	美国
CHN	中国	GRC	希腊	LVA	拉脱维亚				

图 2-1　53 个国家 1994—2015 年间交通事故死亡率减少百分比和 2015 年交通事故死亡率

来源：世界资源研究所，基于经合组织数据，2017

1700 起交通事故中的死亡人数，死亡率下降了 50%，每 10 万人交通事故死亡人数不到 4 人。

其他地方也见证了道路安全系统方法效果的快速实现。西班牙自 1994 年起采用道路安全系统方法和“零伤亡愿景”政策，交通事故死亡人数下降了 60%以上，如今每 10 万人中交通事故死亡人数不到 4 人（Álvaro，2015）。美国的经验也提供了更多证据。美国最近才在国家层面采用了道路安全系统方法，但一些州在 21 世纪初就实施了基于道路安全系统方法的“向零死亡迈进”（Toward Zero Death，TZD）倡议原则。2001—2011 年间，实施此倡议的明尼苏达州、爱达荷州和华盛顿州的交通事故死亡人数和严重伤害人数都少于其他没有实施此倡议的州，而且事故数量下降得更快（Munnich，等，2012）。明尼苏达州于 2003 年开始实施此倡议，当年该州有 663 人死于交通事故，而且死亡人数还在上升。而在接下来的 10 年中，交通事故死亡人数下降了 40.5%（交通研究中心，2013）。

除了以交通事故死亡人数减少体现其影响，通过对交通事故成本进行经济评估可以对道路安全系统方法措施的成果进行量化，估算其社会经济影响。经济评估的主要手段是成本效益分析，它将安全改善的健康收益与措施成本进行比较，帮助确定投资的优先顺序。荷兰和其他国家也使用成本效益分析来证明道路安全系统方法的成本低于经济效益（Elvik，1997；SWOV，2014）。

不论是在发达国家或发展中国家，交通事故成本都非常高昂。纽约市每年因交通事故导致的直接损失约 39 亿美元（占纽约市 GDP 的 1%）（TRANSALT，2015）。低收入和中等收入国家每年因交通事故导致的直接损失占 GDP 的 2% ~ 5%（WHO，2015）。决策者需要重视高危路段发生交通事故导致的巨大财政负担，以便能做出经济上可行的道路安全干预决策。

2.1.4 道路安全系统方法在发展中国家面临的挑战

道路安全系统方法在发展中国家也具有应用价值。但由于发展中国家处于与发达国家不同的发展阶段，在城市建设、交通管理思路与重点、道路管理、车辆管理等方面存在着不同挑战。在城市建设层面，大多数国家的城市扩张和人口增长迅速（Angel，2012），机动车保有量不断增加。新的城市建设通常以机动车为中心的发展思路，采用较为粗放的规划与扩张模式，由此产生快速膨胀的机动化出行，整体不利于事故控制以及交通效率。

从道路基础设施来说，在发展中国家，道路工程中使用的很多道路标准没有考虑人们在使用道路网时的易受伤程度，同时缺乏关于安全行为的有效可行的交通管理法规。国际道路安全评估组织（iRAP）在 60 个国家调查了约 25 万千米的道路。调查发现，超过 80% 允许行人通行的道路缺失路侧人行道且车速超过 40 千米 / 时；88% 允许骑行的道路未设置自行车专用道且车速超过 40 千米 / 时（iRAP，2015）。这类问题在一定程度上与当地缺乏针对不同道路类型的具体设计标准和道路安全标准有关。在过去很长一段时间，道路设计侧重于服务机动车，忽略了为所有交通参与者提供安全的道路环境及街道本身作为公共空间的功能（NACTO 和 Global Designing Cities Initiatives，2016）。由于缺乏有针对性的设计标准，安全的道路设计无法在城市或全国层面得到推广，难以从道路设计环节降低安全风险。

从车辆安全来说，发展中国家的车辆设计标准及验车环节往往不能有效保证和维持车辆的安全性能，此问题在发达程度较低的发展中国家尤为突出。车辆的设计缺陷和老化直接降低了车辆的安全性能，无法保证车内及车外人员的安全，这是中低收入国家交通事故死亡率居高不下的主要原因之一。在这些国家进口或生产的汽车中，80% 的车辆没有达到联合国推荐的优先车辆安全标准（WHO，2015）。全球新车安全评鉴协会（GNCAP）倡导在车辆制造环节通过提高车辆的安全性能，降低交通事故伤亡率。建立道路安全系统需要具备良好的车辆设计标准，以减少驾驶员操作失误的概率并降低车辆在碰撞时对车内及车外人员的伤害程度。

通过减少交通事故死亡人数、增加弱势出行群体安全并解决系统性安全问题，道路安全系统方法能缓解交通事故对贫困家庭的影响，而不是仅仅关注那些较富有、基础设施较完善的地区。道路安全系统方法可以解决这些基础设施不足的问题，避免交通参与者中的弱势出行群体暴露在高危环境中。

2.2　道路安全系统方法的应用与行动领域

2.2.1　道路安全系统方法的核心要素

道路安全系统方法的核心要素是交通安全策略和实施方案的有机统一，包括设立统筹部门、制定明确目标并依靠数据决策、确立工作重点和行动计划，以及监测和评估干预措施。

1. 设立统筹部门

道路安全系统方法的核心理念是交通安全责任共担，需要利益相关方群策群力，包括道路使用者、道路工程师、各级政府、交通执法人员、汽车生产商、监管机构及道路管理部门等。为更加有效地综合协调有关各方，世界卫生组织建议设立一个负责协调组织各种道路交通安全措施的领导机构（WHO，2004；WHO，2015），如设立专门的道路安全机构或在机构内设立相应的道路安全部门，或由牵头机构直接组织道路安全委员会或常务委员会。地方政府并不一定非得采用上述的组织结构模式，只要建立一个能有效统筹协调道路交通的管理框架即可。

成立相关部门后，应根据道路安全问题的职能划分来构建改善道路安全的管理体制框架（Wegman，等，2015）。相关领导应能够极大程度地推进落实责任制度并且以身作则。部门内各组成部分之间存在关联性和依赖性，比如车速管理中执法、教育及道路设计之间的关系（Hughes，等，2013），采用系统性的道路安全策略统筹各组成部分之间合作往往能够事半功倍。

2. 制定明确目标并依靠数据决策

制定明确的道路安全目标易于采取有效的应对策略和确定工作重点（Elvik，1993）。道路安全系统战略应制定合理的降低交通事故死亡人数和严重受伤人数的目标，并以此衡量措施成效、确保责任落实及获得公众支持。由于很多国家或者城市并没有能力实现“零伤亡愿景”，制定中期目标并实现向“零伤亡”稳步迈进是积极有效的做法。

欧洲委员会也提出到2020年年底实现交通事故死亡人数比2010年下降50%。丹麦计划2020年交通事故死亡人数比2010年的255人减少50%（丹麦道路安全委员会，2013）。加纳道路安全战略中的2015—2017年实施计划提出要逐年降低交通事故死亡人数，即在2014年的1730人的基础上，到2017年年底减少至1280人，到2020年年底减少至820人（加纳国家道路安全委员会，2015）。政策制定者应该根据实际情况制定可行的、多维度的目标，在降低事故及死亡数量的同时，指导和把控进程。

中低收入国家常常因为数据质量差而无法准确地估计现状，确定目标，具体原因是数据收集系统不完善或数据漏报等。为此，这些国家迫切需要建立和改进数据收集系统，地方政府可以在短期内根据公开可靠的数据制定和追踪目标，决策者可以在可获得的数据基础上制定目标并逐步实现。提升数据质量需要一个完善的数据系统，确保数据收集和报告情况公开透明。

3. 确立工作重点和行动计划

制定道路安全系统战略通常需要基于事故数据分析和重点改善区域的道路安全现状分析报告来确定工作的重点与优先级。道路安全现状分析报告往往需要包含不同交通方式的伤亡人数和重大交通事故集中发生路段的类型及位置，可以为掌握现状情况提供有利信息，以便针对不同区域或者不同社会群体的需求，形成近、中、远期的行动方案。确立工作重点和行动计划应该通过听证会、研讨会、专家座谈和调查等多种途径并向社会公众公开信息，而后根据确定的工作重点与优先级详细拟定行动计划，采取不同类型、不同规模的行动措施。

4. 监测和评估干预措施

监测进程并对影响进行评估是道路安全系统方法中保障措施成效的重要一环。对干预措施或行动的追踪评估有助于及时调整方案并总结成功经验，形成指导性文件。对道路安全措施与行动的监测及评估主要关注方面与主要评估指标如下。

最终安全成果：道路安全的最终目标是道路交通事故与伤害最小化，指标体现在包括交通管理部门、医疗卫生部门及其他相关方记录的死亡和重伤人数。常用的指标是每十万人中交通事故死亡人数与交通事故死亡人数或重伤人数。前者能体现出交通事故的整体规模与水平，后者可用来比较不同辖区的交通安全状况或者监测一段时间内道路安全的改善情况。由于不同地区的数据质量和准确性差异较大，对比需谨慎。其他评估安全的指标包括各交通方式里程数、各交通方式流量及总体的方式分担率等。

模型预测风险：通过统计交通事故数量、不同交通方式的死亡和重伤人数，以及乘客出行距离，可结合模型对交通风险进行评估。交通风险评估需要划分不同人群，如弱势出行群体，以及不同年龄段、收入、性别的人群等，同时还要考虑不同地段的交通风险，以便识别危险路段、危险的道路类型，或者确定需要引起重视的车流量大、车速高的道路。传统的交通工程通常采用车辆每千千米行驶里程或每万车的事故频率作为衡量指标，现在已不推荐使用，因为上述指标下降有可能是由于机动车过度增长，而非事故数量减少。

道路使用者对风险的感知：道路使用者的行为和出行方式选择很大程度上取决于对路况的认知以及对风险的感知。主要的评估指标包括道路使用者对路况的安全感知、对道路设施安全的满意程度、对其他道路使用者行为的感知（如行人对驾驶员行为的感受与评价），以及对自我的感知（如道路使用者对遵守交通规则的自我感受与评价）。通过比较实际行为和感知行为的研究分析可以深入了解当地的交通行为文化。

行动阶段与里程碑：设立里程碑可以帮助监测短期、中期和长期的战略实施进程，主要参考指标包括道路空间分配的变化、新政策的实施、新管理手段的成效、交通出行选择的供应情况，以及新项目要求进行安全审查及审查执行情况。

间接安全绩效：在远期内，一些不直接体现道路事故伤亡情况的间接指标可以反映道路安全系统方法带来的各方面的成效变化，主要体现在交通违章数量、出行分担率、步行和骑行环境、行车里程数、公共健康、空气质量及交通事故类型和位置等指标。这样做可以形成有价值的中期目标，并展示在减少死亡或重伤人数等方面取得的进展，也能更可靠地进行不同地区的对比。

2.2.2 道路安全系统方法的行动领域

从长期的城市发展与规划角度来看，为了实现真正的道路安全系统，应将道路安全政策纳入更广泛的城市规划与土地利用工作中，从而改变交通选择和出行模式。在规划用地阶段，应该划定公共交通走廊、确保街道连接性、提供更多交通选择且使出行距离尽可能短。此外，降低私家车的使用频率，除了规划、发展公共交通与道路设计等方式，还可以结合经济政策，如拥堵收费、停车管理、取消燃油补贴等，减少私家车出行，进而降低机动化导致的交通事故伤亡人数。

从更加直接并且能在中短期收获成效的角度看，本节列出了道路安全系统方法中实践证明能直接减少交通死亡和重伤的行动领域与指导原则。由于这些行动领域相互关联，列出的原则和证据可能与多个领域相关。而且影响规模和范围不同，在特定背景下，一些行动领域对道路安全系统具有更大的影响力或必要性。优先事项应通过初步研究和数据分析因地制宜地进行讨论。

1. 道路设计

道路设计对人们使用和体验道路的作用至关重要，应采用经实践证明有效的理念，并根据当地情况进行优化改进。在交通投资、项目和预算中优先考虑安全设计。对新建以及现有的道路设施进行交通安全审图与排查。

考虑到安全时，应当通过道路设计将机动车速度限制在合理范围内。通过设计手段可以减少或消除不同交通方式间的冲突，使道路使用者更容易理解空间划分并遵守交通规则，这使得步行、骑行和公共交通有更高的安全性和吸引力。通过设计的手段可以增加道路设施对使用者行为失误的容错程度，使得交通事故的可能性及严重程度最小化，大大提升出行安全，并引导人们选择更安全、更可持续的交通出行模式。具体的设计方案与安全措施应依据道路类型、设计速度、周边用地性质、道路使用者需求等因素进行调整。例如，应针对乡村道路、城市道路和高速公路的不同需求，采用不同的道路设计。

2. 车速管理

车速在一定程度上决定了交通事故和伤害的严重程度，也对发生交通事故的可能性有影响。车速过快不仅会降低驾驶员及时停车的能力，还会影响驾驶员在发生意外时的操作能力，不利于驾驶员在转弯处调整速度，并导致其他道路使用者难以快速做出正确判断（Job 和 Sakashita，2016）。即使是微小的车速增加，也会导致事故风险的显著上升。分析车速与碰撞风险的关系时，研究发现车速每提高 1%，致命碰撞的风险相应提高 4%（Nilsson，2004）。因此，车速管理逐渐被确定为提升道路安全水平的关键。世界卫生组织 2017 年发布的《管理速度》（*Managing Speed*）报告提示，道路交通事故造成的死亡中，每三例就有一例是因为超速或速度不当。研究表明，通常40% ~ 50%的驾驶员经常超出限定速度行驶。

道路交通系统中的多个要素配合可以实现车速管理，如合适的道路设计和限速设定、超速执法等。车速也同样决定了交通系统中安全要素的等级和不同用路者间的物理隔离，应根据道路类型和用路者的安全规定，合理地限速。控制车辆行驶速度除了设定限速，还可通过设计手段，如交通稳静措施或设计、在限速变化路段（如路段出入口）设置明显的交通标识等，使驾驶员按照安全速度行驶。此外，还需要结合严格的执法手段，针对有致命风险的超速行为建立惩罚机制。技术上可以借助电子监控和交通管理部门执法降低车速，并通过有效的宣传获取相应的支持。政策上可以鼓励和提倡安装车载限速装置。车速也是道路安全审图与排查现场调研时的重要方面，在有机会进行道路改造时应对城市道路限速、车辆实际车速与道路两侧城市用地的实际情况进行调查和调整。

3. 执法

执法是实现安全道路设计和教育的重要推动手段。持续稳定的执法对道路使用者的行为提供了有效的约束，可以改变所有道路使用者的行为与出行文化。

立法和执法应该考虑当地的风险因素，在涉及道路安全的各个领域，包括限制车速、给行人或自行车让行、佩戴安全带、禁止酒驾、摩托车驾驶员佩戴安全头盔、儿童乘坐安全座椅等，均应严格执法。例如，国际普遍规定：驾驶员血液中的酒精含量上限值为20毫克每100毫升（20mg/100mL）；规定10岁或身高135厘米以下儿童乘车要使用儿童约束装置；前排和后排的乘客及驾驶员在行驶过程中必须系好安全带；规定摩托车驾驶员必须正确佩戴头盔，并且要求头盔尺寸合适；机动车、摩托车或者路侧商业活动不得侵占步行与骑行空间。我国同样采取20毫克每100毫升（20mg/100mL）作为饮酒驾驶的标准，并要求处罚骑乘摩托车不佩戴安全头盔、驾乘汽车不使用安全带的交通违法行为。

使用新型技术手段（如电子警察）对超速、闯红灯等违章行为进行拍照，可以大大节约警力成本并提高执法力度和效率。新型技术还更有利于交通安全数据收集和分析。

4. 教育和能力建设

道路安全教育可以增强公众遵守交通法规的意识，可以纠正公众对道路安全的误解，并增进道路安全意识。传统道路安全教育侧重使道路使用者了解交通规则及违反交通规则的风险，这对道路安全设计、交通立法与执法有重要的补充作用，但是成效有限。道路使用者的行为规范应该同时借助媒体或公共机构进行宣传，让公众更清晰地将具体问题与执法行动联系起来。宣传前应进行测试，确定公众的反应，评估有效性并发现潜在问题。宣传时应传递反映当地文化、人口特征、执法及后果的信息。

宣传教育的方式也应因人而异。在学校应设计适合各年龄段的教育课程。例如，儿童的道路安全教育话题应该包括安全过街、使用人行道和骑车安全等，青年的道路安全教育话题应涉及酒驾、醉驾、分心驾驶和超速的风险。社区或地方政府可以通过积极的教育体验与公众互动，进行宣传教育，如戏剧表演、无车日宣传活动、使用可拆卸材料临时改变街道设计、限速试验等。

由于道路安全系统方法强调道路安全的责任共担，道路设计与执法的参与方，如规划人员、工程施工人员、医疗卫生人员、执法人员等也需要理解道路安全系统方法，将其融入工作中。因此，能力培养和教育应该针对这些重要的利益相关者，应用公共卫生预防体系，强化个人知识和技能、推行社区教育，通过课程、工程培训等进行教育和宣传，形成对道路安全有共识的网络（Cohen 和 Swift，1999）。

5. 车辆设计和技术

车辆设计和技术或许是道路安全发展速度最快的一个领域。传统意义上，它保障了在碰撞发生时驾驶员和乘客的安全。最近一段时间内，车辆设计和技术已经可以在发生碰撞时提高其他车辆、行人以及骑行者的安全性，通过相对较低的成本实现较高的安全等级。然而出于经济考量，很多国家对车辆安全技术缺乏要求，全球有 80% 的售出车辆未达到联合国推荐的优先车辆安全标准（WHO，2015）。

提升车辆设计与技术要求，需要进行若干考量。首先，需要对国内生产车辆和进口车辆的安全标准有严格要求，要求所有的新车采用联合国推荐的优先车辆安全标准，如使用防撞系统、自动刹车系统等技术，并且严禁进、出口安全性能不合格的新车或二手车，更好地保护车内车外人员的安全。在此基础上，鼓励车辆配置可预防危险驾驶行为的汽车技术、安装安全带和兼容儿童安全座椅的标准接口。其次，应按照车辆行驶特征加强轻型机动车与重型车辆的安全标准，增加车辆的操作性，并通过设计的方式有效预防碰撞或降低事故风险。最后，需要建立车辆登记制度，确保车辆具备基本的安全性能，如安全的车轮性能、有效的刹车性能等。

6. 事故后应急响应及医疗

应急响应是事故发生后降低伤害的关键。在交通安全战略中应纳入现场紧急救援和创伤急救中心系统。由于应急响应能力不足，中低收入国家发生在医院外的交通死亡人数比例高于高收入国家（Nielsen，等，2012）。缩短急救响应时间对降低交通事故死亡或重伤的风险至关重要，事故发生后的 20 ～ 25 分钟是应急响应的黄金时间（Sánchez-Mangas，等，2010）。如果事故后一小时的应急救援被延迟，会影响受伤者的生存机会和机能恢复程度（Bernard 等，2010）。

提升交通事故应急响应速度，医疗系统应首先保证急救中心资金充足，确保道路安全系统方法被卫生部门采用，建立跨专业领域的应急响应系统，建立并推广全国通用的急救电话号码，同时设立相应的指标追踪评估交通事故伤亡情况和事故响应时间等。为尽可能缩短紧急救援响应时间，还可以鼓励事故现场目击者及时拨打急救电话。另外，也可考虑在现场紧急救援中向非专业但受过急救培训的群众求救，前提是需要制定保障救助者权益的相关法律，防止施救的人承担不必要的责任，消除公众在紧急情况下施救的恐惧感。

2 方法 Techniques

第3章
城市道路安全审图与排查综述

3.1 道路安全审图与排查的定义与区别

道路安全审图（road safety audit，RSA）[①]是对方案阶段的交通项目进行系统、独立的道路安全评估，目的是在新建及改造道路建设和使用前，尽可能提升其安全性。道路安全审图可以在知识和经验的基础上评估与优化道路安全水平，考虑道路使用者的行为能力、背景知识和交通需求，从所有道路使用者的角度进行评估，识别方案的不合理处，并制定解决方案。

道路安全审图不是工程项目的技术质量检查或者审批，也不是合标性检查，它是单独针对道路安全性能的评估，对于在方案阶段提升交通项目的安全性具有重要意义。同时，还可以通过道路安全审图释放对道路使用者安全负责的积极信号，即道路建设者是对道路使用者及周边地区的安全负责的。道路安全审图能保证市民、企业经营者、交通执法人员及道路管理部门理解和接受交通项目的作用。

道路安全排查（road safety inspection，RSI）与道路安全审图有细微差别。道路安全排查是指对现有道路进行系统性的安全评估，旨在确定道路对使用者构成危险的情

---

① 道路安全审图英文原文为 Road Safety Audit，目前在中国并未有标准翻译。一些专著译为“安全审计”。在本书语境中，audit 与 inspection 的主要区别在于针对设计阶段的方案还是已建成的道路，故而使用“审图”翻译 audit，特此说明。

形，并提出改善交通安全的建议。

结合上述定义，道路安全排查针对现有道路，目标是提升现有道路的安全性。道路安全审图针对新建道路或改造道路，目标是在方案或早期使用阶段提升其安全性。

从时间维度看，道路安全审图可针对一个交通项目的五个阶段进行，其中包括在新建成的道路设施试运行一年后对其进行评估与调整。此后的道路安全评估定义为道路安全排查。

3.2　道路安全审图的起源与在我国的发展

道路安全审图的起源可追溯到 20 世纪 80 年代的英国。在此之前，道路安全管理被认为是对交通事故的被动响应及补救过程。交通工程设计并不重视道路使用者的安全，而是较多关注车辆的流动性和通行效率。道路安全审图工作的创始是推动主动式方法增强基础设施安全性的重要标志。

20 世纪 80 年代之后，道路安全审图的应用扩展到其他国家，如大洋洲的澳大利亚、新西兰，以及欧洲的丹麦、法国和挪威等。自 2007 年，世界资源研究所道路安全与健康项目组在拉丁美洲、非洲、东南亚、南亚等发展中国家集中区域开始探索道路安全审图在发展中国家的应用。

虽然我国已经有针对提升道路安全的研究与相关政策，然而相对发达国家起步较晚，也不全面。目前我国关于道路安全审图的应用仅针对公路建设项目，未在城市道路中开展。

2004 年原交通部颁布的《公路项目安全性评价指南》（JTG/T B05—2004）是中国使用最为广泛的道路安全审图指南，对交通事故、公路几何指标以及车辆运行车速的关系进行统计分析，基于发达国家国道路安全评价方法，提出了中国高速公路和一级公路安全性评价的内容、方法和标准。该指南虽然建议使用安全审图，但没有强制推行，目前该指南已经废止。

2016 年交通运输部发布了《公路项目安全性评价规范》（JTG/T B05—2015），该规范是对《公路项目安全性评价指南》(JTG/T B05—2004)的全面修订和补充，体现了“平安交通”的发展要求。该规范在评价道路的安全性时仍然以车速差（运行车速与设计车速的差值、相邻评价单元的车速差值）作为评价指标，并完善、补充了其他各等级公路的速度计算方法。

目前，最新的《公路工程技术标准》（JTG B01—2014）中明确“二级及二级以上的干线公路应在设计时进行交通安全评价，其他公路在有条件时也可进行交通安全评价”。

虽然此技术在一定的道路工程项目中已开展实践与探索，并且我国的道路主管部门、设计部门和研究人员对采用道路安全评估的正面价值都有普遍共识，但是我国针对道路安全排查或审图社会与经济效益的专门研究仍然有限（Deng，等，2012）。

3.3　道路安全审图与排查的成本效益

国外研究表明，道路安全审图与排查能带来较高的社会与经济效益，是有利且有益的。传统上，人们认为道路安全审图与排查的成本较高而短期内效益不可见，实施各阶段的审图与排查工作会增加项目的成本，延长整体设计和审批过程。然而，多项研究表明情况恰恰相反，而且突显出在设计过程初期进行道路安全审图的种种好处。道路安全审图与排查的主要收益体现在其可以有效防御交通事故的发生并减少相关损失。从道路安全的成本效益分析、安全效益分析等角度出发，此技术能为城市与国家带来较高的社会与经济效益。

美国交通部联邦高速公路管理局（FHWA）的研究证明，道路安全审图与排查可以使道路交通事故得数量平均降低 10% ～ 60%（FHWA，2006），并通过对不同道路安全改善项目进行成本效益分析，列出通过审图与排查后的改善措施，发现除了道路交通事故减少外，改善措施还可以达到 1.2 ～ 5 倍的成本收益，见表 3-1。

表 3-1　美国道路采用安全审图的成本效益

改善措施	改善结果
布尔海德大路 亚利桑那州布尔海德市 ● 改善路侧环境； ● 增设防护栏； ● 改善标志标线； ● 改善信号控制； ● 道路排水	● 总费用 869 478 美元； ● 计划实施的其他项目费用 785 000 美元； ● 道路交通事故总数减少 54%； ● 亡人 / 致伤交通事故数减少 50%； ● 与交叉口有关的交通事故减少 30%； ● 收益成本比率为 20 ：1（所有道路交通事故）； ● 收益成本比率为 16 ：1（导致伤亡的事故）； ● 收益成本比率为 2 ：1（与交叉口有关的交通事故）
101 国道 田纳西州坎伯兰县 ● 改善标志标线； ● 改善道路视距； ● 清除遮挡的植被	● 总费用 35 000 美元； ● 道路交通事故总数减少 13.7%； ● 伤亡性交通事故减少 31.3%； ● 收益成本比率为 51 ：1（所有道路交通事故）； ● 收益成本比率为 116 ：1（导致伤亡的事故）
科利尔大道和金门大路 佛罗里达州科利尔郡 ● 改善标志标识； ● 改善几何线形； ● 清除遮挡的植被； ● 改善步行设施	● 总费用 265 000 美元； ● 两个交叉路口的车辆碰撞事故减少了 11%； ● 收益成本比率为 5 ：1

续表

改善措施	改善结果
第九街 新泽西州大西洋城 ● 改善信号控制； ● 增设行人信号控制	● 总费用 921 000 美元； ● 道路交通事故减少 25.6%； ● 收益成本比率比为 1.2 ：1

来源：FHWA，2018

英国的一项研究旨在对道路安全审图的效益进行量化，该研究对经过审图和未经审图的交通安全改善项目实施前后的事故统计数据进行比较，发现经过审图的交通项目年均死亡人数减少 1.25 人，相比之下，未经审图的方案仅减少 0.26 人。据另一项英国的研究估计，在设计阶段而不是施工后实施修改方案，平均可节省成本约 2 万美元（Deng，等，2012）。

丹麦的一项成本效益分析将实际经过审图的项目与对同一道路未实施审图的模拟结果进行比较，分析得出第一年在事故伤害减少和财产损失降低方面的回报率为 146%。约旦的一项研究审议了一些未经审图但在建成后很快出现问题的项目，估计出如果实施安全审图本可避免的事故数量，并与实际发生事故数据进行比较，结果显示道路安全审图第一年的回报率为 120%。另外，澳大利亚的一项研究显示，设计阶段的道路项目审图的平均效益成本比为 36∶1，现有道路审图的平均效益成本比为 6∶1。

总的来说，道路安全审图与排查技术的效益虽不是立竿见影的，但从项目本身对安全提升的直接效益到更广泛的宏观层面效益，实际上十分可观。相对而言，道路安全审图与排查技术所需的时间与资金要远低于由于道路设计不合理而造成的人员伤亡损失。从宏观层面，道路安全审图与排查技术有助于确立一系列事故削减目标，有助于提升社会经济福利和社会公平。韩国交通研究院的研究表明，交通事故受害者的平均收入水平比全国平均水平低 40%，其中致残者的收入会大幅度降低 60%。交通事故会加剧收入的不平等，对穷人来说尤其严重（Jung 和 Sul，2014）。另外，世界银行一份研究评估 5 个发展中国家在 24 年时间内如果能将交通事故造成的死亡及伤害减半，产生的社会福利等价于该国 GDP 的 6% ~ 32%；其中包括中国的效益值，约为 GDP 的 6.3%（World Bank，2017）。

评估项目安全效益的经济价值对于改善道路安全具有实际的指导意义。可以通过将项目的安全效益货币化，计算项目或改造措施的成本收益比和回报率等指标，确保项目的经济可行性。道路安全改善不仅能产生直接效益如事故频率和严重程度的降低，还可以带来间接的效益，包括由于事故减少而产生的运营和环境效益，如缩减出行时间、增强运营可靠性、减少燃料使用、减少排放、提升居民运动水平、提升社会公平等。

3.4　道路安全审图与排查的基本环节

道路安全审图应在工程项目的一个或者多个阶段进行，对道路安全的建议应尽早整合到工程项目当中。应将道路安全审图建议纳入规划、法规、道路设计导则等文件，使得项目的各个步骤都有道路安全审图参与，而且符合政策要求。

道路安全排查是由排查团队沿着交通区域的选定部分路段或地点进行排查。道路建设者决定排查团队人选及是否需要培训排查员。排查团队运用专业知识指出产生交通危害的要素，并评估如何改善。排查团队可以依据排查区域情况，选择汽车、自行车、步行等方式进行排查。

对主要道路的安全排查需要视情况每隔几年定期执行，确保道路维持安全状态。为了系统性地应用道路安全排查技术，可以将此内容纳入部分道路网络的长期设计、建造和维护合同中。道路安全排查还可以解释一些通过事故分析、市民报告或运营等得以显露的特定问题，针对具体问题排查并提供安全提升建议。除此以外，道路安全排查还有很多其他优点，后续章节会进行更加详细的描述。一般而言，道路建设者可灵活决定进行道路安全排查的时间、地点、方式及原因。

道路安全审图与排查的基本缓解与要素如图 3-1 所示。

3.5　道路安全审图与排查的参与者

在道路安全审图与排查过程中，通常有三类主要的参与者：业主（即项目所有方或管理方）、设计顾问（即项目设计方）和道路安全团队（独立于业主与设计顾问的道路安全审图与排查小组），见图 3-2。国际实践强调，从事道路安全审图或排查的团队应独立于业主与设计顾问，保证结果的客观性及参考价值。

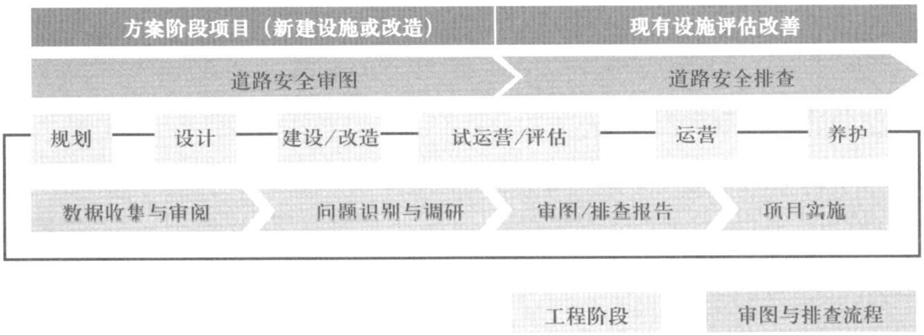

图 3-1　道路安全审图与排查的基本环节与要素

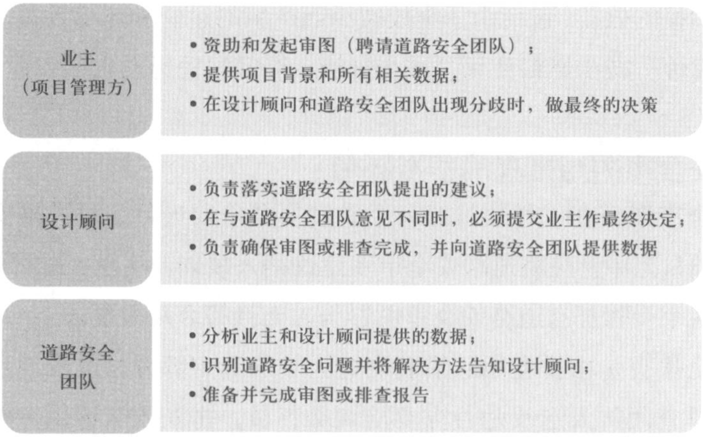

图 3-2　道路安全审图与排查中三类主体的角色及责任

业主是雇佣设计人员、拥有工程项目并支付相关费用的组织，一般为项目管理方。业主决定项目的先决条件、目的、经济框架和进度等，并在此背景下确定是否应对项目进行道路安全审图或排查。在设计顾问和道路安全团队产生分歧时，由业主做出最终决定。

设计顾问是根据业主规定准备项目文件的组织、部门或企业，负责保证道路安全审图或排查的顺利进行并配合参与调查，且在道路安全建议和业主决定的基础上对项目做出必要修改。设计人员负责将审图或排查的基础文件（即供评估的文件）进行展示，决定道路设计中相关标准的使用，并在方案不符合标准时，负责在文件上做出标记。设计人员还应对审图或排查的结果提出反馈意见，并在与道路安全人员意见不同时，上报业主决定。

道路安全团队是审查交通项目安全性能的、独立于业主与设计顾问的个人或组织。他们从道路使用者角度考虑，利用道路安全知识系统性、批判性地评估所有项目文件。道路安全团队应识别所有可能引起道路安全问题的情况，并加以描述和论证。他们不负责检查项目是否符合标准。如果项目不合标之处不影响道路安全，道路安全团队无须指出。审图或排查程序完成后，道路安全团队应通过最终声明正式结题。

3.6　道路安全审图与排查团队

道路安全审图或排查团队通常应该由两名或两名以上受过培训的道路安全人员组成，包括项目负责人和审图或排查人员。通常，道路安全审图与排查采用团队制，即所有成员都独立评估项目文件，然后对评估结果进行集体讨论、整合并编写报告。团队审图或排查的优势在于有机会增加多方参与的信息交互，利于发现尽可能多的安全隐患并且尽可能提高审图或排查的质量。项目业主可以决定是否只由一名道路安全人员进行审图或排查。但道路安全人员可以邀请技术专家对复杂的信号系统、标志、维护计划、交通计划等进行专门评估，并协助检查。

在业主确定项目需要进行安全审图或排查，明确了参与主体的角色和责任后，首先需要组建审图或排查团队。审图或排查团队至少包含两名成员，作用是对拟议项目进行独立审查，指出道路的安全问题，并提出相应的建议，使道路对所有用路者来说尽可能更加安全。组建团队时需要考虑以下标准。

（1）团队应该独立于业主和设计顾问，包括一名组长和至少一名成员。

（2）业主需要根据简历批准团队的资格。

（3）至少有一名团队成员有两年以上的道路安全工作经验。

3.7　道路安全实施效果评估

道路安全实施效果评估是道路安全改造后对改造效果的评估，旨在提供改进计划干预的结果，并针对此结果的理想程度决定是否需要采取新的改造措施。理想情况下，道路安全实施后应结合道路安全排查进评估安全措施所产生的安全效益。若改善效果不佳，应及时给予新的道路安全改善建议，在采纳实施后再进行新的评估，直到效果理想，评估流程如图 3-3 所示。

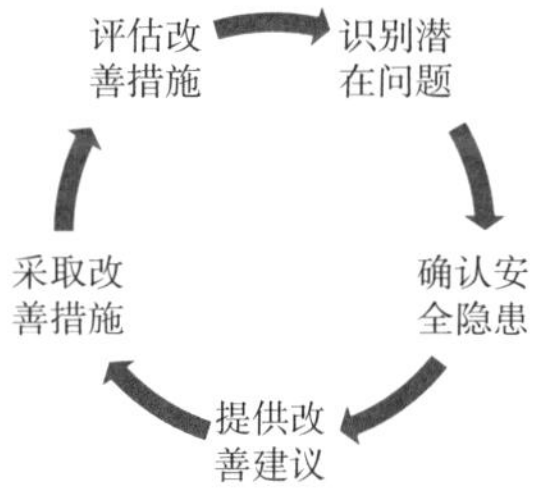

图 3-3　道路安全实施效果评估流程

道路安全实施效果评估可分为定量评估与定性评估。在道路数据与伤亡数据可得的情况下，推荐优先采取定量评估，改造措施的安全效益及成本效益可以被量化定义，供决策参考。若获取数据较困难，可以采取定性评估方法，通过现场观察、测量及排查的方式对改造后的道路进行安全与风险评估。

道路安全效益分析是一种道路安全实施效果评估的方式，指的是针对单个项目、一组类似项目、一项或多项安全改造措施评估其交通安全效果，或进行效益 - 成本分析。对道路项目或某种措施的安全效益进行定量化研究，有助于了解措施的有效性，掌握措施设置与其效果间的关系，并估算安全措施或道路改善项目的经济效益与成本 - 收益关系，为评估项目或制定决策提供依据。衡量道路安全的指标可从事故的变化和经济化效益考量。从事故变化角度，可采用的衡量指标有事故率下降百分比、按类型或严重程度分类的事故比例的变化、改造措施的碰撞修改系数等。从经济化的安全效益角度，项目或改善措施的成本 - 效益比或项目安全效益的内部收益率是最直观的衡量指标。

在交通及事故数据不完善或获取困难的情况下，针对道路安全实施效果评估可以采取定性的方法，结合现场观察、测量及道路排查的方法对实施或改造的措施或地点进行评估，也可以得到可靠的结论。虽然无法针对改善措施得出准确的量化效益，但此种方法的优势在于，现场观测和排查与道路整体环境结合考虑，可以更加准确地判断实施措施是否有效，并且能够针对道路存在的其他安全性问题提出进一步的改善建议。

第4章
道路安全审图（RSA）

道路安全审图是对方案阶段的交通项目进行系统、独立的道路安全评估，目的是在新建及改造道路建设和使用前，发现并减少道路上可能导致事故和人身伤害的危险，尽可能提升其安全性。

4.1　道路安全审图适用的项目类型

道路大修、道路安全专项工程、地方规划、校区规划改造等涉及道路的项目都可以进行道路安全审图。参考《丹麦道路安全审图排查指南》（*Manual of Road Safety Audit*）的分类，结合我国城市交通发展实际，可以进行道路安全审图的项目类型有如下六种。

（1）大型工程项目：大型工程项目包括新建道路，如城市快速路、桥梁、隧道等。大型工程项目的所有阶段均可进行道路安全审图。

（2）中型工程项目：中型工程项目包括对现有道路进行重大改建和扩建（如城市道路翻新）、新建和大规模改建现有交叉路口及道路连接处等。

（3）小型工程项目：小型工程项目包括道路改扩建、加建非机动车道、小型道路翻新、小型路口改造等。

（4）运营和养护项目：运营和养护项目包括多项不同的活动，从现有道路设施的大量维修工程到日常运营。道路设计产生改变的运营养护工程应进行审图，以确保纳入了所有道路安全的考虑。目的有两方面：一是解决现有道路存在道路安全问题，二是避免在进行维护工作时产生新的问题。

（5）城市规划项目：城市规划项目对城市道路布局与建设起到关键作用，也对道路安全产生深远的影响。在新区发展规划时，应尽早引入道路安全审图，发现规划和道路层面的安全隐患。道路安全审图还有助于在新城区路网和新老城区连接等方面选择最安全的路网结构及道路设计。

（6）道路安全工程项目：道路安全工程项目是以改善道路安全为主要目的的专项工程，如对交通事故黑点进行分析并提出解决方案。任何交通事故黑点改造或专项道路安全工程方案都应道路安全审图，且应尽早进行。审图应从道路安全角度出发，评价项目的安全程度，提供最佳解决方案，且不产生新的安全问题。在道路安全工程项目深化及实施等阶段，也应进行审图。

交通工程项目应根据项目需求与阶段进行若干次道路安全审图，但对于小型或非常特殊的道路，只进行一次审图就足够。在项目早期进行审图有助于纠正宏观层面的安全问题，对安全提升更为有利。同时，有一些方案内容需达到一定设计深度才能进行评估，只能在项目靠后的阶段进行，如道路高程、标志标线、路面等。

4.2 道路安全审图适用的工程阶段

根据道路工程项目的一般工程阶段，将道路安全审图分为五个阶段，即试点阶段、方案设计阶段、详细设计阶段、开放运营阶段和检测评估阶段前三个阶段为项目方案评估，后两个阶段为建成评估。如果项目进展介于两个阶段之间，可以合并为如“第二阶段与第三阶段之间”的形式。同一项目、同一阶段，不同部分的审图顺序也不同。例如，同样处于详细设计阶段，平面总体设计应该先于标志标线、信号方案等进行审图。

（1）试点阶段：可对新建道路设施、地方规划等方面进行审图，审图时间应在通过和公布草案之前。道路安全审图应在现有项目基础上进行，审图人员不应质疑项目的基础决策或战略问题。此阶段通常评估宏观及规划层面的安全问题，如交通走廊的选择、道路功能与速度的联系、交通、标准规范、道路类型、横断面、限行、路口的数量和类型、公共交通、行人和骑行者等弱势出行群体的设施、项目道路与路网的一致性、新建道路与现有道路的一致性，兼顾国家或区域路网等。此阶段通常使用 1∶25000、1∶10000 或者 1∶4000 比例尺的图纸。

（2）方案设计阶段：需要针对方案设计进行审图，一般在项目方案批准前进行。审图内容包括：评估自第一阶段以后的项目变化、布局（线型、纵断面、可视性）、横断面（包括边沟和边坡）、交叉口（包括视距条件）、匝道和路侧设施、交通标志、慢行交通和公共交通设施、新建道路和现有道路之间的关系、临时措施（临时监管和标识）等。此阶段通常使用 1：4000、1：1000 和 1：500 比例尺的图纸。审图时应考虑所有的相关道路使用者和周边道路使用者，包括有特殊需求的道路使用者，如残障人士、儿童和老年人。如果施工阶段存在特殊的道路安全问题，应对这些问题进行额外评估。

（3）详细设计阶段：需要针对详细方案进行审图，应当在详细方案完成和征地范围明确之后、项目文件提交之前进行，并尽可能确保商定的变更都纳入该项目当中。审图内容包括：评估自第二阶段以后的项目变化、交叉口设计细节、路面、横坡、道路标志标线（包括与相邻道路的交通标志一致性）、信号系统、道路照明和其他设备、固定物、绿化、临时措施、新建和现有道路的一致性、材料运输等。详细设计阶段审图也需考虑所有道路使用者，通常使用 1：1000、1：500 和 1：200 比例尺的图纸。一个项目的子工程如排水设施、护栏、道路照明、信号灯等，可能位于不同图纸中，也应注意审查。

（4）开放运营阶段：需要对已完成的道路或者交通工程项目进行审图，在交通设施开放运营前后一段时间内进行。该审图应该在交付程序之前开展。审图时，应特别注意第三阶段以来的项目变化、交通标志的位置和明暗条件下的可视性、路面等。在某些情况下，工程项目的某些部分（如护栏、信号灯、路灯等）在开通前可能仍未完成，可以后续再进行审图。项目开通后应对其进行检查和评估。重大工程应在开放 1 ~ 2 个月后进行检查和评估，中小型工程应在路面磨耗层铺装和施划标线之前进行检查和评估。

（5）检测评估阶段：一般道路设施投入使用约一年后对其进行回访审查，有针对性地调整。审查应在道路设施投入使用约一年后、项目保修期内进行，承包商可以对项目进行适当调整。本阶段的审查包括评估道路使用者是否按照预期使用设施，以及规范、事故数据、速度、可视性、路面标线、固定物和道路使用者行为，还会评估投入运营后交通及设施的变化对道路安全的影响。完成最后阶段的审图后，业主可在后续运营和养护过程中，委托专业团队进行道路安全排查，持续评估现有道路上道路使用者的安全情况。

4.3 道路安全审图流程

道路安全审图往往遵循一定的流程，可大致分为四个阶段，如图 4-1 所示。

（1）准备：在开始设计之前，业主应确定项目的先决条件，包括是否以及在哪些步骤应完成道路安全审图，然后委托设计顾问设计项目。设计人员应根据给定的先决

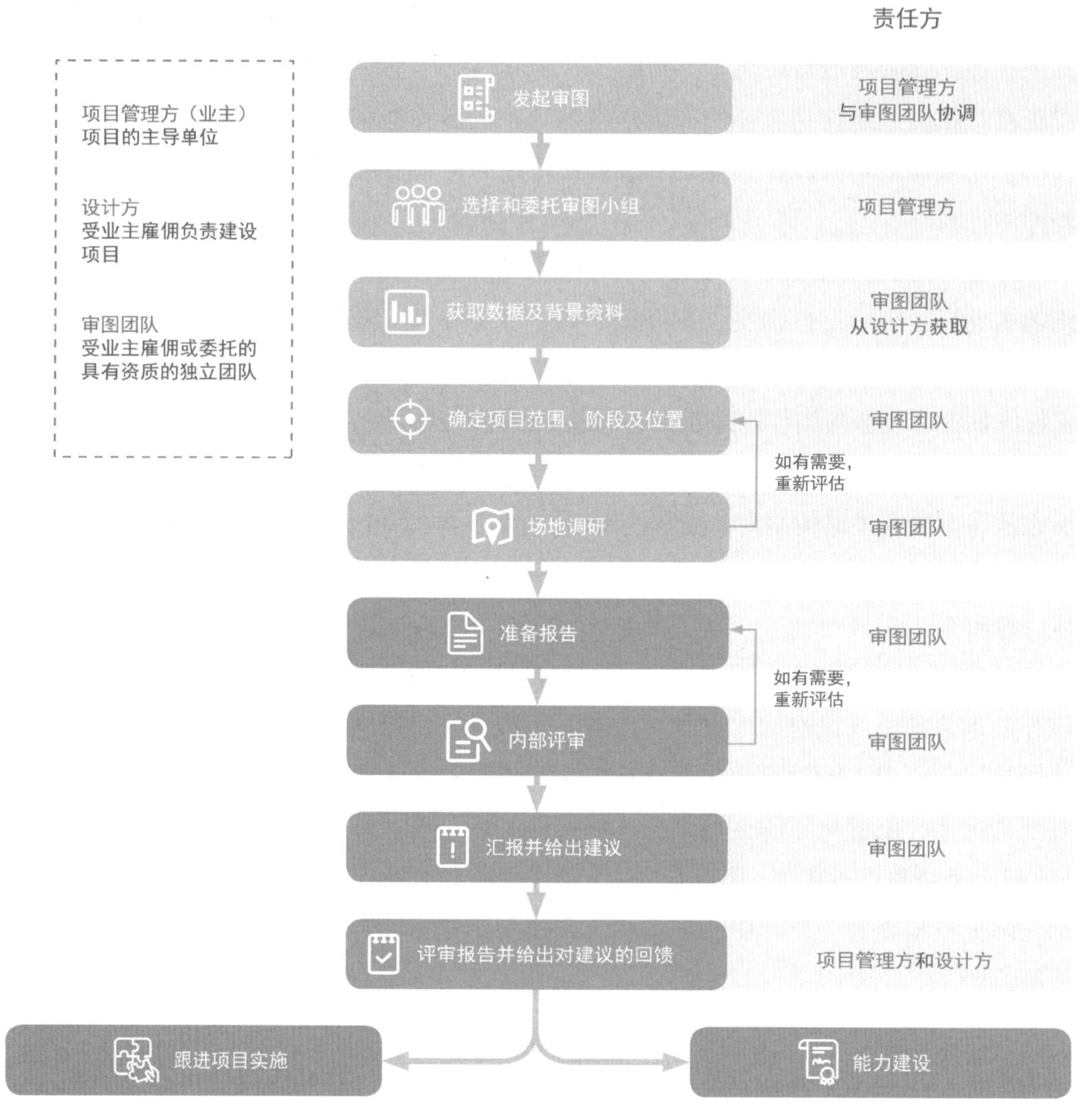

图 4–1　道路安全审图流程图

条件准备项目文件。此后，设计人员联系道路安全审图团队，并达成开始审图的约定。

（2）审查：道路安全审图人员检查项目文件。建议最好进行一次现场排查，并有设计顾问参与。审图还可以使用航拍照片、街景地图等辅助对现场进行勘察。现场踏勘应包括白天和夜晚，还应评估天气条件对安全的影响。审图人员应从所有相关道路使用者群体（例如行人、骑行者、摩托车驾驶员、公交车乘客、客车和货车驾驶员等）的视角对项目安全性进行评估。

（3）报告：道路安全审图的报告形式应由道路安全审图团队与业主确定。通常报告可分为“常见问题”部分和“具体问题”部分。“常见问题”包含整个或大部分项目范围都存在的问题及相关建议，“具体问题”包含关于具体地点的问题和建议。

（4）实施：业主应正式讨论道路安全审图团队提出的问题和建议。理想情况下，管理方应委托设计在满足工程条件的情况下，在后续设计过程中采纳尽可能多的安全改善建议。设计人员应正式报告是否接受审图人员提出的每项建议，并简要说明不接受某项建议的原因。

下面根据丹麦、挪威等发达国家的道路安全审图指南，结合世界资源研究所在城市道路安全审图中的实践经验，详细介绍四个阶段的详细流程及注意事项。

4.3.1　准备：资料收集与分析

项目资料与数据是道路安全审图过程的重要基础。有效、准确的信息有助于系统、公正、客观地认识现状问题与条件，优化审图团队提出的干预措施和改进建议。资料收集与分析还可以带来其他好处，如提前提供关于道路安全状况的信息，帮助确定审图的时间和现场调查时的注意事项，以免在现场时难以观察。

不同城市及项目的基础资料与数据条件千差万别，在很多情况下，获取数据可能是极大的挑战。道路安全审图团队应努力促成业主及当地机构认识到基础数据的重要性，浏览及分析现有基础资料，以期获得尽可能准确的数据。

道路安全审图的四个主要数据类别包括事故数据、交通流量数据（包括机动车流量、非机动车流量、行人流量等）、工程设计图纸和反映道路周边情况的底图。

（1）事故数据：事故数据对于认识项目地段的交通安全情况具有重要作用。在理想情况下，应该获取 3 ~ 5 年内的事故数据。建议在研究路段或地点的基础上，收集相邻道路的数据。如果这方面数据缺失或不可用时，可以与当地交通管理部门协商查阅事故报告，或者与保险机构交流查看事故记录，确定事故发生最频繁的位置。

（2）交通流量数据：不同类型的交通流量数据可以帮助审图团队理解交通运行规律，识别冲突点。

（3）工程设计图纸：工程设计图纸是道路安全审图的主要对象。审图团队需要利用工程设计图纸识别项目识别潜在的安全问题，并提出相应的建议或改善措施。

（4）反映道路周边情况的底图：除了工程设计图纸，审图团队还需要收集各种反映道路周边情况的底图，推荐使用比例不超过 1 ： 200 的地图。在临时缺少设计图纸的情况下，道路安全审图团队可以利用其他开放资源（如网络地图）制作反映道路周边情况的底图，以便对环境进行全面分析。

表 4-1 展示了审图团队获取事故数据的步骤。审图团队应尽可能收集项目路段及周边路段 3 ~ 5 年内的事故数据。由于事故数据具有天然的波动性，仅有一年的数据

不能准确反映项目路段的安全情况。如果事故数据具有地理编码信息，并且采用业界广泛使用的标准格式，对于事故研究很有价值。审图团队可以将数据可视化并展示事故类型或严重程度（如死亡、重伤和财产损失的事故）的地理分布情况。

表 4–1　审图团队事故数据分析步骤

- 收集 3 ~ 5 年内的历史事故数据；
- 将数据进行地理编码，绘制于地图上；
- 识别事故类型，用图表显示；
- 剔除异常值；
- 按交通方式、发生日期、发生时间等对事故分布情况进行分类；
- 识别事故发生的趋势；
- 列出发现的问题

4.3.2　审查：现场调研与问题识别

道路安全审图一般针对设计过程，但通常审图过程中应包含现场调研，使审图人员能了解交通、道路、地形等情况，观察用路者行为，并发现图纸上没有展现的具体问题。各国的道路安全审图指南通常建议审图团队最好与设计人员一起进行一次或若干次现场排查。

关于现场排查的具体内容，可参见第 5 章 。现场排查应在白天、夜间从不同道路使用者（包括小汽车驾驶员、重型车驾驶员、骑行者和行人）角度分别进行，排查范围应该包括路段及周边区域。现场排查时应拍摄照片，供后期分析讨论使用，并为审图报告提供图像说明与参考。

在审查过程中，审图人员应识别项目的安全问题，并在地图上标出。识别出的问题应以书面形式进行描述、组织并记录。业主视情况决定是否需要重新审查。

审图团队确定了项目潜在的道路安全问题之后，下一阶段是针对识别出来的每个安全问题提出一个或若干个改进方案，从而消除或者降低事故发生的频率。方案应该考虑到措施的可行性，以及实施成本。

4.3.3　报告：道路安全审图报告的形式与提交

审图团队应将发现的问题与改进方案形成审图报告交付业主。业主可与设计顾问讨论或责成设计顾问确定是否及如何实施审图团队提出的改进方案。设计顾问应针对审图报告中提出的设计建议进行书面答复。如果审图团队和设计顾问之间发生任何异议或争议，业主应最终决定是否实施方案。另外，审图报告应根据一定的质量保证程序进行审核。例如，丹麦等国家的审图程序要求审图员在审图报告上签名，保证审图过程按相关规范程序进行。

道路安全审图报告通常包括以下基本内容。

（1）背景介绍：简短的项目描述，若项目在前期阶段经过安全审图，需要注明。

（2）审图人员和审图流程：说明审图人员及分工，应包括姓名、所在单位、职务、职称和分工，还可提供审图过程中相关会议的日期。

（3）审图的基本材料：应列出业主与设计顾问提供的材料和基础数据，以及审图人员自行收集、实际使用的材料。

（4）审图总结（执行摘要）：陈述主要的安全问题与改善建议，并根据实际情况推荐可以优先采取的措施，最后说明对下一阶段审图的建议。此部分也可置于“审图结果与建议”之后。

（5）审图结果与建议：阐明问题和推荐的改善措施，建议对图纸和结论进行编号，并对应用相应措施后的事故减少量进行预测。

（6）附件：包括重要图表等参考信息。

完成道路安全审图报告后，审图结果的提交形式需由业主和审图负责人共同商定，可以采用报告或清单的形式。报告可以详细阐明审图过程中的假设、事故情况及问题等。虽然报告可以全面涵盖全面的信息，但是业主可能很难从中识别优先级和急需采取的措施。清单则可以将每个问题 / 地点或每一类问题列在一张列表中并进行简易说明，方便业主审阅并做出判断。所有清单的关键参数可以汇总在一个汇总表中，如问题、解决方案、风险和严重程度、施工预算等，有助于划分优先级。撰写报告及清单时，为了表述清晰，要对问题进行梳理并按措施类型和问题类型、紧急程度等进行合理分类。

4.3.4　实施：道路安全审图实施

业主应责成设计顾问对审图团队的建议提出回应，包括采纳与未采纳的建议，并给出理由，然后将反馈意见提交审图团队。如果审图团队发现有重大安全隐患的问题被拒绝改进，可以再次提出沟通。由于审图建议决定了后续的施工方案，业主可以根据审图报告中的提交的建议措施类型、道路安全风险及严重程度、项目需求、成本造价、实施时间等因素判断措施实施的优先次序，也可以与审图团队及其他参与方共同商议，决定实施方案。在施工的不同工期中，业主应与审图团队保持联系，以防后续施工阶段改变方案或产生任何新的需求时，审图团队可以及时反馈，保证实施措施为最优解决方案。

第5章
道路安全排查（RSI）

道路安全排查不同于道路安全审图。二者的主要区别在于，道路安全审图发生在新项目建造或项目改造之前，而道路安全排查针对现有（或运行中）的道路改造项目。

道路安全排查是依托于道路安全、道路设计、安全相关的道路技术和不同措施效果等相关经验与知识完成的。基于道路安全排查的措施能使业主在交通事故发生前做出响应，其目的为防范事故发生于未然。因此，实际事故情况在排查中的重要性有限，在排查期间，完全不参考交通事故数据也是可行的。

5.1　排查道路的选择

与道路安全审图始于计划中的工程项目不同，道路安全排查始于项目选择。在各国制定的道路安全排查相关指导规范中（Vejregler，2014），道路安全排查路段选择标准通常由业主或政府制定。例如，业主或政府可以在其行动计划中规定每年必须在特定数量的路段上进行道路安全排查。通常道路安全排查项目的选择可以基于下列一项或若干项数据或信息来源。

1. 依据交通事故数据

过去5年的交通事故数据可作为选择排查路段的标准，并可考虑交通事故密度（每年每千米道路的交通事故数量）和交通事故频率（与年平均日交通流量即AADT相关的交通事故率）。使用交通事故数据时，也可以根据事故的严重程度进行加权，提高致死、致伤等严重事故的权重。通过交通事故密度或频率，可以确定城市道路中事故易发路段，确定进行排查的优先级。在交通事故分析的基础上，可以制定年度的道路安全排查计划。

此外，交通事故分析还可以用于筛选重点问题，如路侧固定物、交叉口、出口道、黑暗条件下交通事故、摩擦系数小等危险因素。

2. 依据交通大数据

如果有条件获取手机信令数据、车辆终端数据、GPS 数据等进行大数据挖掘，对驾驶数据、车辆速度数据、道路监控数据等进行分析，将实际的道路基础设施布设、数量等信息与事故数据进行对比，可以研判道路安全风险与道路基础设施的关系，作为改善道路安全水平的依据。

3. 依据市民意见

本地的市民报告和利益相关方的其他反馈意见均可提供事故危害情况信息。例如，如果许多市民对特定路段进行投诉，或是要求了解某路段的设计情况，则此类反馈可用作道路安全排查优先级的评判标准。市民意见还可用作道路安全排查的补充背景材料，帮助选择道路安全排查的研究重点。

4. 配合道路养护作业

在道路养护作业时结合道路安全排查对道路进行改造，具有一举两得的好处。例如，结合安全考量后再铺设新路面或施划新标线，可以利用较低的额外费用获得安全等方面的改善。又如，市政部门规划主要管道工程时，也可以考虑路段和交叉口是否需要重新设计，以提升安全水平，此时可以在有限的额外成本之内设置交通稳静措施并重新施划道路标线。

通过将道路安全排查引入路面养护的周期性程序，道路管理者可以在一段时间内对整个道路网络进行排查，由此形成路网安全提升的周期性程序。如果道路管理者不希望对所有需要养护的道路进行排查，也可以根据设定的标准对重点工程进行排查。

5. 校区道路

校区道路的安全排查主要关注学校周围特定道路及学生上学、放学的道路，帮助选择重点改造的路段及交叉口。针对校区道路的安全排查应主要在学生使用道路时进行，比如上学、放学时。

6. 针对特定主题的排查

以交通事故分析、政策重点、资金重点等为基础，道路安全排查可以选定特定的主题进行。例如，可以针对所有或某些类型的信号系统或者照明系统进行排查，道路的几何设计如平曲线和竖曲线也可作为排查主题。此外，道路宽度、路缘带宽度、路中隔离带、人行道等都可作为排查主题。道路使用者类型也是设定主题的一种方式比如针对自行车、电动自行车、农用车辆、特殊用途车辆和摩托车等使用者的安全进行排查。

7. 同一道路的定期排查

同一路段及交叉口可以制定定期道路安全排查机制。这是因为道路及其周围环境在不断变化，新的变化可能导致新的道路安全问题。这些变化包括新的接入口、沿线土地利用发生改变、使用者组成发生改变、植被发生改变、道路表面及标志标线磨损等。定期排查可以评估某些变化是否产生了消极影响。此外，还应根据交通安全新知识对道路现状进行评估。不同类型的道路可以设置不同的道路安全排查频率。例如，可以将道路按等级和城市、农村等不同环境进行划分，确定不同的排查频率。

5.2　道路安全排查的流程

道路安全排查流程与道路安全审图流程类似，也可大致分为四个阶段，参见图 4-1。

1. 准备

在准备阶段，业主应在前期与排查团队沟通，依照项目需求与优先级选取排查路段与地点，然后委托道路安全排查团队进行排查，排查团队需要对收集并分析相关资料。

2. 排查

道路安全排查团队了解了排查路段信息后，应准备工具，对排查道路进行详细的现场踏勘，也可以使用航拍照片、街景地图等辅助工具。现场踏勘应在白天和夜晚分别开展，还应评估天气条件对安全的影响。与道路安全审图相同，道路安全排查应从所有相关道路使用者群体（如行人、骑行者、摩托车驾驶员、公共汽车乘客、客车和货车驾驶员等）的视角对项目安全性进行评估。

3. 报告

道路安全排查报告形式需要由业主和排查团队共同商定，最终可以用报告或清单的形式呈现。报告可以详细描述排查背景、路段特征、事故情况等情况，照片、地图等视觉手段能加强问题呈现的有效性。与审图报告类似，通常结果和建议可分为“常见问题”部分和“具体问题”部分。

4. 实施

业主应正式讨论排查团队提出的问题和建议，考虑措施类型、道路安全风险及严重程度、业主的主要需求、成本造价等因素，形成具体实施方案。管理方应委托设计人员在满足工程条件的情况下在后续设计过程中采纳尽可能多的安全改善建议，不采纳某项建议时应说明原因。

下文根据丹麦、挪威、澳大利亚等发达国家的道路安全排查指南与导则，结合世界资源研究所在城市道路安全排查中的实践经验，详细介绍四个阶段的详细流程以及注意事项。

5.2.1 准备：道路安全排查的准备工作

1. 获取基础资料

道路安全排查在准备阶段应首先获取项目的基础资料。项目的业主及相关管理部门可提供项目背景、设计文件、事故数据、部门情况及市民反馈意见等不同基础资料。排查团队还可以使用航拍照片、街景地图、数字地图等熟悉、了解项目及周边环境。在熟悉基础资料的过程中，排查团队可以记录需要特别注意的地点及问题。这些准备工作可以帮助排查团队注意到可能会被忽略的情况，如季节性植被、天气条件等。

表 5-1 用清单形式列出了道路安全排查前准备工作阶段应收集掌握的信息。

表 5–1 安全排查前的基础资料收集

道路功能
● 确定道路级别 　√ 该道路是国道、省道还是县道 ● 确定使用道路的车辆情况 　√ 使用该道路的车辆以短距离出行为主还是长距离出行为主 　√ 该道路是否为混合车流道路 　√ 该道路是否为主要交通走廊的一部分 ● 确定重型车辆情况 　√ 使用该道路重型车辆占比是大于还是小于附近道路的平均水平 　√ 该道路是否为货运走廊 ● 确定是否有弱势出行群体（如行人和骑行者等）使用该道路 ● 若道路穿越农业区，通常会有较多低速车辆使用该道路
交通情况
● 判断交通量 ● 判断过去 5 年的交通量增长情况 ● 判断交通组成 　√ 使用该道路小汽车、公交车和货车各站多少比重 ● 判断未来的交通量变化情况 ● 描述道路标准并对下述指标进行评估 　√ 道路功能 　√ 交通量 　√ 交叉口类型 　√ 限速 　√ 线形设计或几何特征 ● 分析限速情况 　√ 该道路是否适合建成区 　√ 该道路是否有弱势出行群体 　√ 儿童、老年人和残疾人是否经常使用该道路 　√ 该道路是否与线形相匹配

续表

基本的事故数据分析 道路标准 道路周边情况
● 描述道路周边情况 　√ 该道路位于乡村、郊区还是城市？ ● 道路周边用地情况 　√ 绿化用地 　√ 农业用地 　√ 建成区 　√ 以上用地的混合 ● 道路如果在建成区，需描述其为工业、商业或住宅用地 ● 道路周边是否存在会产生大量交通需求的设施 ● 道路周边未来的用地性质是否有改变 ● 道路是否穿过集镇或村庄
道路的视频和图片可以作为补充

来源：Phil，2006

2. 排查时间的选择

排查时间取决于排查的侧重点。条件允许的情况下，排查团队需要考虑不同的天气、光线、道路使用者和交通强度，并分别进行排查。在实践中，排查团队需要判断当下天气或光线是否可以对道路情况有足够掌握。若需要，排查团队可以标注出需要在其他条件下再评估的地点，再进行排查，直到掌握充分信息。表 5-2 列出了不同类型项目的建议排查时间。

表 5-2　建议排查的时间

项目类型	建议排查的时间
交叉口	高峰时段
路段	非高峰时段
学校路段	早晨上学时间前
道路标志和标线	光线昏暗的情况下

来源：丹麦交通部，1997

一次排查通常要在几天时间内开展。在规划排查路线和时间时，要根据不同类型地点安排排查时间。例如，学校附近道路可在学生上学早高峰时间排查，有超速问题的路段可在交通流量低的平峰时段排查。另外，需要注意节假日与平常工作日交通流量与特征会有明显差别，可能会对排查结果产生影响。若使用驾车的方式进行排查，需要考虑排查车辆的行驶是否会对道路的交通流产生影响，从而影响排查结果。

3. 交通方式的选择

排查时的交通方式也取决于排查的侧重点。交通方式的选择对于体验道路环境很重要。此外，排查速度也很重要。排查团队需要评估所选交通方式能否全面观察道路和周边情况，或能否观察观察道路的双向车流。表 5-3 总结了道路安全排查时常用的几种交通方式、适用情形及注意事项。

表 5–3　不同交通方式在排查中的适用情况及注意事项

交通方式	适用情形	注意事项
驾车	● 适合在城市郊区道路、城市快速路，以及步行或骑行安全条件较差的路段排查； ● 排查较长路段，步行或骑行排查较费时的情况下，可以驾车进行排查，并选择特定的地点以步行方式进行详细排查； ● 路段中宜有合适的停车和掉头地点	● 由于车辆速度较快以及排查人员对道路情况的关注，难以发现道路环境的问题。建议车辆先以正常速度通过路段，对道路有基本印象，再低速通过路段，观察更多细节； ● 排查人员在车身安装 “道路排查”标志、黄闪灯或其他类似标志，当车辆低速通过路段时，提示过往的道路使用者； ● 排查人员在快速路或城市高速公路应急车道上驾车进行排查时，车辆应符合道路交通管理部门要求，如装有旋转灯标、黄闪灯等设备； ● 排查人员驾驶车辆时应遵守相关法规
步行	● 适合在步行距离适当的路段进行排查； ● 步行排查要求路肩或人行道有足够宽度，确保排查人员工作环境安全	● 步行排查耗时，但能获得较详细的观察资料和数据； ● 排查路段较长时宜与驾车或骑行排查相结合
骑行	● 适合在城市区域内进行道路排查工作； ● 适合对非机动车道和其他骑行环境的排查	● 相比步行，骑行能更快完成排查，更加省时； ● 骑行排查路段时，应考虑是否需要从客车或货车驾驶员的角度进行排查，作为骑行排查的补充。在评估交叉路口时，驾车排查可以从机动车的角度评估某些风险，如机动车与非机动车的右转事故

来源：丹麦交通部，1997

在特殊情况下，排查工作中会使用其他类型车辆，这可以使排查人员直接了解不同道路使用者的视角。排查团队需要收集不同交通模式的困难、限制、扫掠路径等信息，以此决定在排查工作中需要注意的问题。例如，排查团队可以在排查前招募一名有经验的驾驶员或驾驶指导，完成信息收集。

4. 工具和装备的准备

道路安全排查用于现场踏勘的装备可以大致分为安全装备、测量装备、记录装备三类。安全装备是保护排查人员的装备，包括反光背心、适当的衣物及鞋帽、在高温或雨雪天气下起保护作用的衣物或装备等。测量装备包括皮尺、激光测距仪或测距轮等测距工具，雷达测速仪等测速工具，以及计数器等计数工具。记录装备主要分为纸质记录装备和电子记录装备。前者包括底图、文件夹、若干种颜色的笔等，后者包括照相机、摄像机、平板电脑、手机、GPS 记录仪等设备。随着技术进步，道路安全排查偏好使用电子记录设备，因为能方便地记录地理位置信息，便于查找和整理记录。但纸质记录仍不可或缺，特别是在现场描绘问题、交流初步改进想法时更为方便。

工具和设备的选择取决于排查需求以及排查团队的能力和偏好。重要的是，所选工具在排查期间可以有效使用，并且在随后的数据处理和报告撰写中有用。建议现场记录的方式尽可能操作简便。

5.2.2　排查：现场踏勘与记录

现场踏勘是道路安全排查的重要流程，是进行观察评估、产生初步意见、记录评估结果的步骤。排查小组负责人应针对排查项目的侧重点和排查的目的，安排排查的时间、路线、方式、日程等内容，用于指导现场踏勘工作的开展。在踏勘过程中，一方面，排查团队应根据项目的具体情况，密切注意道路及其周围环境，收集相关安全问题。如果发现安全问题，排查人员应立即与其他组员及参与排查的利害相关方沟通，并做好记录。另一方面，排查团队应集中注意事故的预防，以及发生事故时如何减轻事故的严重程度。这是现场踏勘的核心思路，也是需要兼顾的两方面。

现场踏勘的具体内容因项目侧重点而异。与道路安全紧密联系的道路因素通常都要进行仔细考察。考察地段通常按路段和交叉口划分，在考察方面略有差异。路段通常需要考察道路线形、横断面构成、路面情况、行人自行车设施、交通安全设施等对道路安全的影响。交叉口则主要关注视距、过街安全、车道平衡与对齐、转弯冲突、交通信号等对安全的影响。现场踏勘需要在不同时间段观察交通流与交通冲突状况，同时关注多种道路使用者。

在进行城市道路安排排查的现场踏勘时，应主要考察以下三点情况。

1. 车速与道路设计、周边用地的关系

由于城市道路环境中弱势出行群体参与较多，并且存在行人过街的情况，不受控制的车速是影响道路事故死伤人数的重要因素。车速、道路设计与路侧的土地利用三者应该紧密配合，避免出现高车速、高混合度道路与高车速道路穿行生活、商业性质的城区的情况。车速与道路环境、城市环境的关系应该成为城市道路安全排查的主要观察点。如果出现此类情况，应对道路进行生活化改造，重点在控制车速、确保过街安全、加强不同用路群体的隔离等。在规划层面，可以考虑过境道路绕城布局，使穿城道路完全生活化。

2. 弱势出行群体的安全

与公路环境中以机动车为主体的交通条件不同，城市道路是多参与者组成的混合环境，其中包括交通事故中较易受伤害的群体，即弱势出行群体。该群体在我国城市道路集中体现为行人、机动与电动两轮车和其他非机动车群体，也包括农用车、人力或动力三轮车，以及正在出现的老年代步车等群体。排查人员在进行城市道路安全排查时，应着重关注弱势出行群体的安全，全面考察交通环境，并建立用路群体安全优先级的观念，以无保护的出行群体为更高优先级。

3. 路口与行人过街

城市道路与公路环境的另一区别是过街现象较为普遍。过街可按地点分为路口过街与路中过街，也可按方式分为水平过街与立体过街，或者按行为特点分为合法过街（即在标示为过街点的地点按规章过街）与不合法过街（即在道路条件或省时省力等诱因促使下，在没有标示为过街点的地点穿行），这些过街形式要在安全排查中全面考虑。特别是某些道路条件易诱发不合法的过街行为，应在道路安全排查中一并指出。在有过街点的地点，过街点设置的合理性、距离、信号控制、保护等因素也应考虑。

附录中列出了挪威公共道路管理局（2014）出版的《道路安全审图排查指南》（*Road Safety Audits and Inspections*）中关于现场踏勘应观察的重点——安全排查踏勘检查清单，可作为排查时观察要点的综述参考。关于在不同道路环境和城市环境下的道路安全要点，请参看第 6 章相关内容。

5.2.3 报告：道路安全排查的报告撰写与提交

道路安全排查报告形式需要由业主和排查团队共同商定，最终可以用报告的形式呈现，描述排查背景、路段特征、事故情况等情况，以及改善方案，并配合照片、地图等视觉手段进行辅助说明。业主和排查团队共同商议决定报告记录的详细程度。

道路安全排查报告与审图报告类似，通常包括背景介绍、排查人员和流程、排查基本材料、排查总结、排查结果及建议，以及附件等基本内容。道路安全排查报告具体格式及内容可参考道路安全审图报告格式。

排查人员检查报告无误后，排查团队负责人将报告提交给业主。排查团队负责人需要确保业主方面理解报告的内容。如果业主对报告内容有相关指示或评价，也要在最终报告中有所体现。当业主同意排查团队提出的建议并接受报告时，即可认为道路安全排查完成。

5.2.4 实施：道路安全排查方案实施

业主应责成设计顾问对排查团队的建议提出回应，包括采纳与未采纳的建议，并给出理由，然后将反馈意见提交排查团队。如果排查团队发现有重大安全隐患的问题被拒绝改进，可以再次提出沟通。

如果道路安全排查的实施考虑一致，业主在实施阶段可以根据排查报告中提交的建议措施和他因素（措施类型、道路安全风险及严重程度、项目需求、成本造价和实施时间）判断措施实施的优先次序。业主也可以通过加权一个或多个参数判断改善重点，如针对问题的严重程度和造价决定优先治理的问题与采取的方案，也可以与排查团队商议安全措施的必要性和优先级。

由于某些道路安全改造需要较长实施时间，业主需要注意时序问题，提前制定计划。较全面的改造需要专门设计后再做施工，小型改造则可以在已立项的道路养护或改造项目中完成，有重大安全隐患且纠正措施成本较低时可选择立即实施。业主可以在收到排查报告后的几年时间内，从措施清单中按照适当的时序实施安全措施。同时，业主应与排查团队保持沟通，确保实施过程中采取最优的解决措施。

3 应用 Applications

第6章
道路安全审图与排查在城市道路的应用

本章按“面-线-点”的顺序选取典型的应用情境，并分类进行论述。首先，在“面”的层面，论述城市中心区与城乡接合部环境下较常见的道路安全问题。其次，在“线”的层面，按照城市交通中常见的弱势出行群体分类，论述行人、骑行者、公共交通使用者、机动与电动两轮车使用者四类群体与道路因素相关的安全问题。最后，在“点”的层面，针对城市道路环境中在道路安全方面需要特别注意的具体地点进行论述，包括路口安全问题和校区安全问题。

6.1　城市中心区道路安全提升

从用地功能上来看，城市中心区多数以混合用地功能为主，包括商业服务业设施用地、公共管理与公共服务设施用地、居住用地和绿地与广场用地，并且建筑集中紧凑。城市中心区是能代表城市形象，承载多重城市重要功能（如行政、商务、文化、景观等），具有一定集聚效应，并对周边地区产生辐射作用的城市中心区域。此区域往往由于接驳需求大而出现高峰时段交通拥堵、停车困难、公交系统繁忙等问题。同时，城市中心区承载城市购物、公共服务、旅游等功能，每天吸引众多人来此旅游、休闲、购物、娱乐，对步行和骑行的出行设施及便利性提出了更高的要求。

6.1.1 城市中心区主要安全问题

城市中心区主要交通特点是高峰时段拥堵问题突出，交通模式多样，行人交通量较大，商业办公楼宇停车困难。常见的道路安全隐患为不同用户群体交织产生的冲突，如行人过街和自行车路权等与机动车的冲突、路侧停车需求与自行车的冲突等。针对城市中心区的交通特点，此类区域的道路安全问题总结为如下几大类。

1. 城市中心区的车速管理问题

城市中心区的车流通常呈现峰谷波动特征。在高峰时段，城市中心区机动车的平均车速通常较低。交通事故多呈现为机动车之间或机动车与非机动车、行人之间的擦碰。尽管事故频率可能较高，但此类事故一般不严重。城市中心区在非高峰时段也呈现出高车速的特征，加上人流与自行车较为密集，老年人、儿童等群体活动较为频繁，因此也需要加强车速管理。城市中心区进行车速管理的重点区域是城市政务区、商务区、居住区、高等院校内部，以及医院、学校、公共图书馆等周边的支路。在针对此类道路进行安全排查时，需要着重考虑以下方面。

道路限速与道路两侧的城市建设是否匹配：道路限速应该与道路等级及周边城市形态相匹配。以交通功能为主的快速路、主干路通常车速较高，易诱发危险事故，不应穿行以生活功能为主的城区，如居住区和商业区。道路功能与城市功能不匹配易导致生活交通流与过境交通流的交织与冲突。为此，应对道路进行功能适应性改造，强化道路生活功能，改变道路断面结构和路权划分，加强快速和慢速交通的隔离，优化过街点设计，确保弱势出行群体的安全。针对道路的实际功能，应设置合理的限速。

行驶车速与道路设计是否匹配：道路的行驶车速决定了机非分隔、平曲线、视距、过街点设置等与道路安全紧密相关的设计要素。道路的行驶车速与限速、设计速度为三个不同概念，影响道路实际安全状况的是道路的行驶车速。因此，要基于道路车辆的行驶车速判断道路设计是否安全、合理。

在有明确较低限速的路段，是否采用交通稳静化措施：交通稳静化是道路设计中减速技术的总称，即通过物理设施降低机动车车速对居民生活质量及环境的负效应，改变鲁莽驾驶，提升交通安全性。交通稳静化措施可分成流量管制和速度管制两种。流量管制是指控制机动车流量的措施，包括对角线导流封闭、街道半封闭、街道全封闭、路中分割阻断等。此类措施能减少道路上的机动车数量，从而减少用路群体风险。速度管制是指控制机动车车速的措施，包括垂直式措施（如减速丘、减速台、垫高的交叉路口）、水平式措施（如曲折路形、交通环等）和路宽缩减式措施（如路面宽度缩减、路口宽度缩减、道路中央实体分隔岛等）。在城市中心区路段，应考虑在城市政务区、商务区、居住区、高等院校内部，以及医院、学校、公共图书馆等周边的支路采用交通稳静化措施，限制机动车车速。

信号灯是否合理设置：在城市中心区道路设置交通信号灯，通过控制交通信号灯颜色的周期性循环变化，约束平面交叉口或路段不同方向交通流的停止与行进，从而达到控制车速的效果。其中，交通信号灯的间距是对车速影响最大的因素之一。交叉路口虽然会产生更多冲突点，增加事故发生概率，但较密集的交叉路口可以有效减缓车速，降低事故的严重程度。因此，在城市规划与设计的角度，城市道路应合理设计路网和交通信号灯的密度，并且保障信号控制配时，确保行人有足够的时间通过路口。基于以上考虑，应对不同区域进行单独评估，制定合理的信号灯间隔，以最大限度地在行人安全与车辆通行间取得平衡。要合理安放信号灯，就要充分了解公交走廊沿线的土地利用情况，因地制宜。学校、商场及其他主要地标附近，人流量通常较大，因此可能需要更多的人行横道。

2. 自行车停车问题

许多城市中心区内存在自行车停车设施不足或缺失的问题，并且由于骑车人无处停放自行车，造成了自行车在人行道甚至车行道上乱停乱放的现象，特别是公交站点和轨道交通车站附近等自行车停车需求较大的地点，这种现象尤为严重。由于停车位普遍不足以及停车管理缺失，大量自行车无序停放往往占据大部分道路的步行空间，压缩行人通行的空间，甚至迫使行人在机动车道上绕行，给行人带来不便的同时也带来了风险。因此，应对共享单车投放运营进行监管，同时利用蓝牙电子围栏技术对共享单车停车进行规范，并考虑增加非机动车停车场配建指标。

3. 路边停车问题

城市中心区内为商业文化活动聚集地，小汽车停车需求往往较大。由于停车设施有限以及路侧停车管理不足，许多车辆会选择侵占非机动车道或人行道在路边停车，对慢行群体尤其是骑行群体的安全造成较大隐患。由于非机动车道被侵占，自行车不得不在部分路段与机动车混行。小汽车停车时也会与自行车流线产生冲突，尤其是车内人员上下车开车门时，可能会与后方自行车产生突发冲突而发生伤害危险。

4. 快递外卖车辆等管理与安全

由于城市中心区楼宇密度大、餐饮企业聚集，外卖送餐的需求也十分旺盛，道路上外卖送餐的车辆较其他地区更多。由于外卖配送人员通常骑较灵活的电动自行车或电动摩托车，外卖配送人员为追求订单量与配送速度，罔顾安全，驾驶超标电动车，逆行，超速，闯红灯，骑行时使用手机打电话等违法行为较为普遍，导致了交通事故频发、高发的严峻形势。

其次，外卖配送人员的停车情况对交通干扰也较严重。与共享单车停车情形类似，餐厅或配送商家门口往往会聚集许多外卖配送人员和车辆等待取货配送，占据人行道、非机动车道空间，严重影响路侧交通。

快递用车问题的实际解决需要考虑多方面因素，包括楼宇物业、政府部门、快递配送人员和消费者等。建议区域管理部门联合快递企业建立快递用车管理平台，加强对快递用车的管理，同时需配合交通管理部门，加大对快递用车的监管力度，采取限时准入政策（如非高峰期送货制度），禁止快递用车占用道路资源，建议部分路段取消路侧快递取货点，推广使用智能快递柜。

5. 超大人流量的过街需求

依托于轨道交通系统，城市中心区往往有大量的人流，加之建筑密集，路口处往往会产生大量的过街需求。若存在路口过街安全岛缺失或信号灯配时不合理等问题，可能会造成大量结集的步行人流过街不遵守信号灯的现象，车流与人流在路口处混合交织，对路口的通行能力产生较大影响，且对行人安全不利。

为了应对超大人流量的过街需求，对于大型路口，除人行横道线外，应考虑设置的基本过街措施包括：

（1）宽度大于 16 米的过街处设置路中安全岛，宽度不小于 2 米。

（2）路口转角进行缩小转弯半径处理，增加行人等待面积，降低右转车辆的车速。

（3）机动车停车线应在非机动车停止线基础上后退 2 米，增加非机动车在驾驶员视角的可视性，并为非机动车提供提前启动的优势。

（4）转角处设置无障碍坡道。

（5）采用行人闯红灯抓拍、行人过街安全提示系统等科技设施，降低行人不合法过街的可能性。

6. 室外商业设施与人行道干扰问题

城市中心区部分商业街道会设置密度较高的零售、餐饮等商业设施，室外商业活动往往会与人行道上的步行流线发生冲突。在这些路段，建议在保障步行通行需求的前提下，允许沿街商户利用建筑前区进行临时性室外商业活动、绿化、公共设置等，形成人性化空间，并丰富街道活力。沿街室外商业设施和活动应限定在设计范围内，避免步行通行与沿街商业活动相互干扰，保证步行区域宽度适当。若室外餐饮或者商业零售干扰人行道正常使用，建议通过空间整合，将室外餐饮空间结合设施带设置，使步行流线能够接近零售商户的展示橱窗。

6.1.2 专栏：北京商务中心区道路改造案例

北京商务中心区（Beijing Central Business District），简称北京 CBD，地处北京市

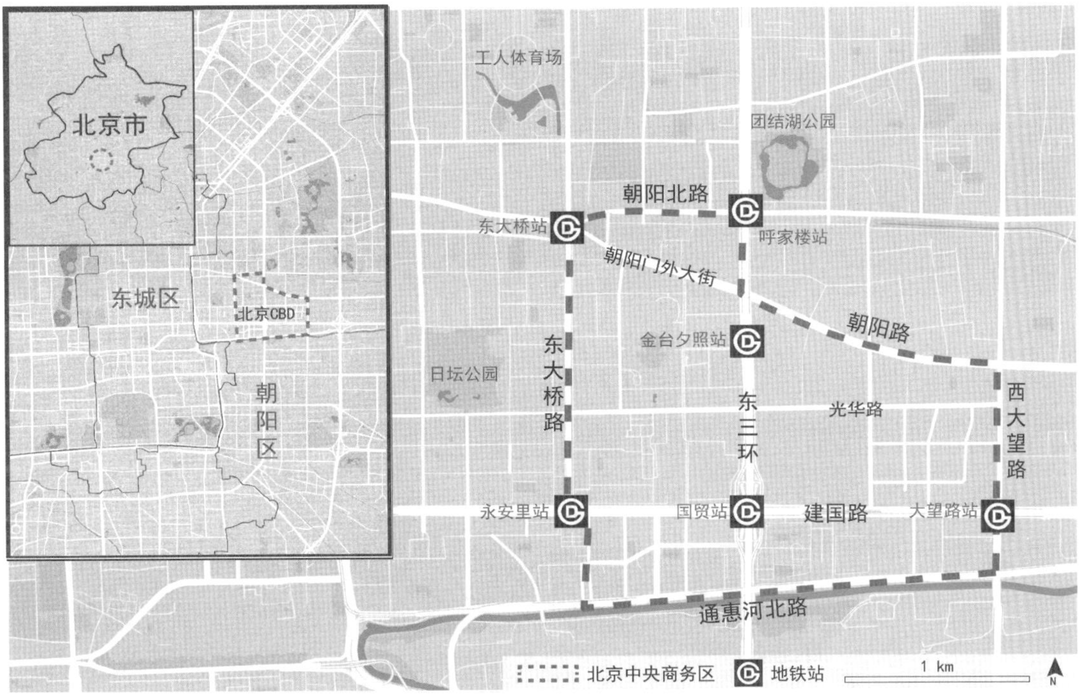

图 6-1　北京 CBD 道路改造范围

长安街、国贸、呼家楼、东大桥和大望路地区的中心交会区，位于北京市长安街东延长线范畴，是北京市重要功能区之一，是北京重要的国际金融区和现代服务业聚集地，承担着经济、文化、国际交往的功能。北京 CBD 集中了北京的国际性金融商务办公设施，交通设施相对便捷完备，诸多国际知名企业、金融机构在此处设立总部或分支机构，以便开展各种商务活动。北京 CBD 道路改造范围如图 6-1 所示。

北京 CBD 街道的交通需求以商业活动为主，存在慢行、停车需求较大且送餐服务发达等特点。同时，区域整体慢行出行品质有待提升，主要问题体现在机动车占道停车严重影响慢行交通通行与安全，慢行交通设施供给水平与需求不匹配，以及快递、送餐车辆现状对交通秩序及安全影响较大。北京 CBD 道路改善项目针对其区域内的主要问题进行讨论并提供解决方案，对我国其他城市中心区道路改善具有一定借鉴意义。

1. 非机动车停车问题

非机动车无序停放给北京 CBD 内的行人出行造成了很大的困扰。尤其是共享单车在地铁站、公交站点周边停放时占用步行空间的问题格外突出。北京 CBD 内存在自行车停车设施缺失的问题，并且由于骑车人无处停放自行车，造成了自行车乱停乱放的现象，如图 6-2 所示。市民倾向于利用共享单车进行“最后一千米”出行，因此自行车乱停放现象在公交站点、地铁站点与商业楼宇周围更为严重，影响行人路权，阻碍过街，构成安全隐患。

图 6-2　北京 CBD 内非机动车无序停放问题严重

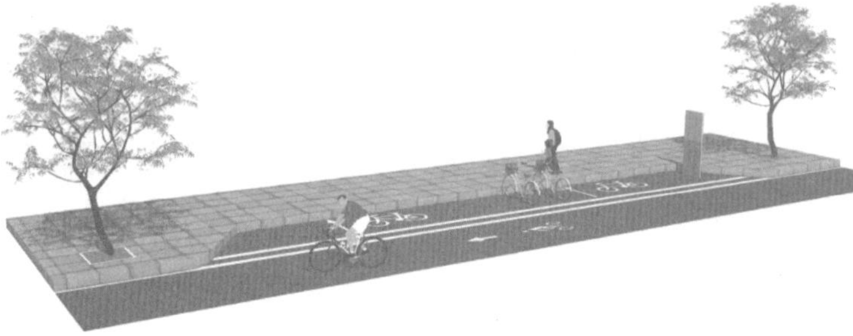

（a）嵌入式非机动车停车区

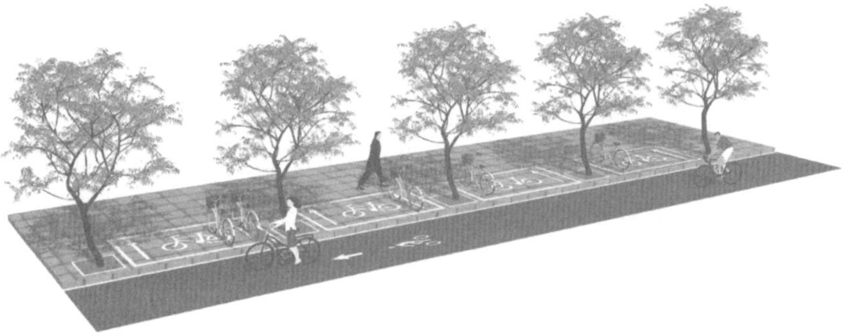

（b）树池间非机动车停车区

图 6-3　北京 CBD 内非机动车停车区设置建议

解决自行车停车问题，应有效地设计并规范区域内停车设施，同时严格执法。北京 CBD 内非机动车停车区建议设置为以下三种形式，前两种形式如图 6-3 所示。

（1）树池间非机动车停车带，采用 4 米长、2 米宽的停车范围，设置于树池之间，并施划自行车图案标记及停车方向箭头标记。

（2）嵌入式非机动车停车带，应用于非机动车道过宽或机动车道过多的情形，结合人行道路缘拓展使用，并应同步设置停车标志牌和行车指引等设施。停车带宽度宜为 2 米，并在非机动车道与停车区间设置 0.5 米宽的缓冲区，供人停车后站立。

（3）人行道上非机动车停车带，为设置在无树池的人行道上的停车区，宽度为 2 米，可多排并列设置。

2. 路侧停车问题

北京 CBD 内存在大量机动车占用非机动车道行驶、靠边停车等问题，如图 6-4 所示。在单幅路中，一些道路中的非机动车道和机动车道未设置物理隔离，造成机动车可以随意进出和停靠非机动车道，自行车骑行者不得不选择在机动车道骑行或者占用步道推车而行；在三幅路中，非机动车道设置了未备案的停车位，增加了机动车进入非机动车道行驶的可能性，对自行车骑行者构成威胁，不仅使非机动车失去了路权，减少了其行驶空间，而且增加了交通事故的发生率。即使有些道路增加了机非护栏、彩色铺装等设施，但由于后期管理不到位，部分非机动车道进出入口被机动车违章停放占用，阻塞非机动车道，严重影响了非机动车道的连续性、安全性及自行车骑行者的使用意愿。

针对这些问题，建议在住宅区附近街道选择有刚性、长时停车需求的路段，在其路侧设置嵌入式机动车停车位，如图 6-5 所示。此种设计使非机动车道外绕停车位，机动车停放不至于影响非机动车通行。同时，应在机动车停车位左右两侧设置缓冲区，靠近非机动车道一侧缓冲带宽度不小于 0.75 米，靠近机动车道一侧缓冲带宽度不小于 0.5 米，供驾驶员下车后沿路边行走使用，也可防止车门打开时与自行车的冲突。每隔 3 个停车位应设置一条宽 1 米的穿行道，供驾驶员使用。还应注意加强执法管理，在无长时停车需求的路段，可以直接消除路侧停车位，如图 6-6 所示。

图 6-4　路侧违法停车占据非机动车道

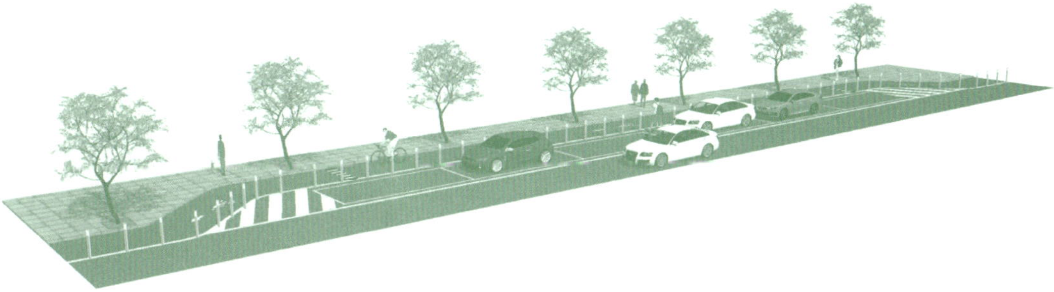

图 6-5　嵌入式机动车停车位设计

图 6-6　北京 CBD部分道路消除路侧停车位后对非机动车干扰减少

3. 快递外卖车辆停车管理问题

北京 CBD 有较多餐厅与商业写字楼，中午外卖订餐、代跑腿等服务需求大且集中，餐厅或配送商家门口往往会聚集许多外卖配送车辆等待取货配送。由于没有快递外卖车辆停放设施以及相应的管理措施，快递外卖车辆大面积占据人行道、非机动车道空间，严重影响路侧交通，如图 6-7 所示。在某些交通流较小的路口，快递外卖车辆的停放占据路口空间，阻碍了行人及车辆的视野，容易造成事故。

针对快递外卖车辆占用道路空间的问题，应结合道路改造以及快递外卖车辆和物流站点的管理进行治理。在道路设计与改造方面，应合理规划使用城市空间作为快递分拣空间；不允许在主要路口、建筑出入口等易引发事故的公共空间进行快递分拣；宜设置专用的快递外卖临时停车区；快递车辆停放不应占用人行道、非机动车道等道路资源。建议在缘石坡道上安装柔性材料反光阻车桩，阻止快递外卖车辆驶入人行道。

另外，在快递需求量较大的楼宇处，建议采取以下几种方式，避免快递车辆在人行道上大量集聚占道。

（1）自提点代收模式：快递服务商通过与便利店或其他社区零售网点合作，建立快递自提点，消费者的快件将被配送到距离最近的自提点，消费者到相应的自提点直

图 6-7　北京 CBD 区快递外卖车辆占道停车问题严重

图 6-8　楼宇内外设置智能快件箱
来源：搜狐网，2017

接取件即可。

（2）智能快件箱模式：在楼宇或者社区街道指定处设置全天 24 小时自助收发快件的智能快件箱，快递员将快件放置在智能快件箱的隔间，消费者可以凭借密码提取快件，如图 6-8 所示。

4. 超大人流量过街设计

在北京 CBD，一些路口存在较大的过街人流，因路口过街设施不足，容易出现行人无法在一个绿灯时段内完成过街或者等待时间过长导致不遵守信号过街的行为，十分危险。为了应对超大人流量的过街需求，保障路口行人能在一个绿灯时段内顺利、安全过街，对于过街距离超过 16 米的大型路口，除人行横道线外，应采取的基本过街措施包括：

（1）设置路中安全岛，宽度最小为 2 米。

（2）对路口转角进行缩小转弯半径处理，增加行人等待面积，降低右转车辆的车速。

（3）机动车停止线应在非机动车停止线基础上后退 2 米，增加非机动车在驾驶员视角的可视性，并为非机动车提供提前启动的优势。

（4）转角处设置无障碍坡道。

在人流斜向穿行量较大、车流适中、过街距离适中的路口，建议采用交叉四面过街的人行横道设置方式，增加斜向人行横道，如图 6-9 所示。此种路口的信号灯应配备四方全停的相位。这样可以快速将等候在路口的行人清空，保障路口通行秩序以及安全。

5. 建筑前区商业与步行流线冲突

在道路沿线零售、餐饮等商业服务设施比较集中的路段上，室外商业活动往往会与人行道上的步行流线发生冲突。在这些路段上，建议在保障步行通行需求的前提下，允许沿街商户利用建筑前区进行临时性室外商业活动、绿化、公共设置等，形成人性化空间，并丰富街道活力。如图 6-10 所示，沿街室外商业设施和活动应限定在设计范

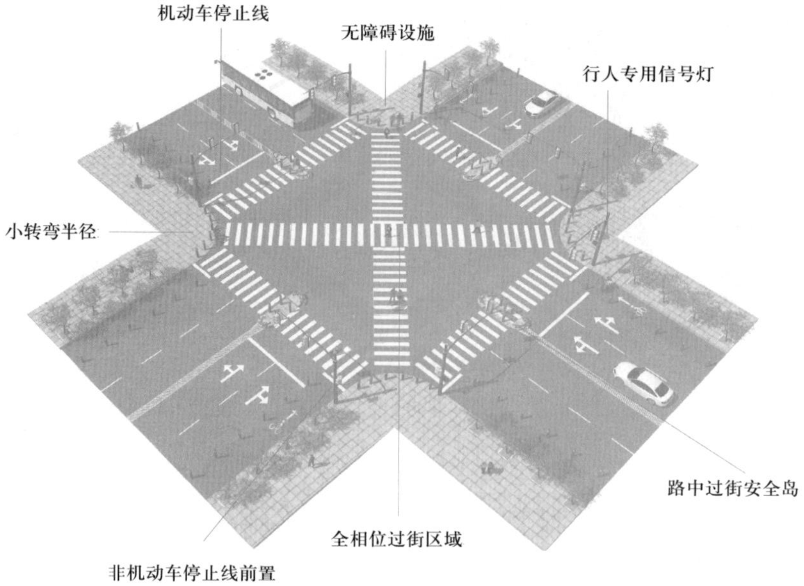

图 6-9　针对超大人流量过街需求设计的斜向过街路口

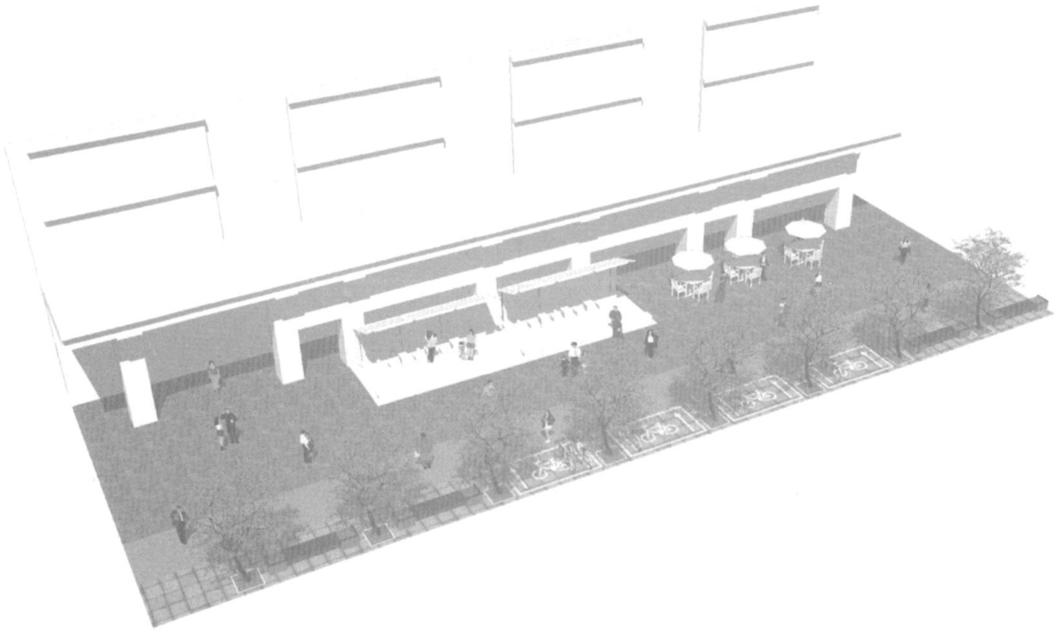
图 6-10　建筑前区商业活动与设施带的放置应不阻碍步行区

围内，避免步行通行与沿街商业活动相互干扰，保证步行区域宽度不小于 2 米。若室外餐饮或者商业零售干扰人行道正常使用，建议通过空间整合，将室外餐饮空间结合设施带设置，使步行流线能够接近零售商户的展示橱窗。

6.1.3　专栏：上海五角场周边道路改造案例

五角场位于上海市城市中心区东北部杨浦区内，近年来逐渐形成以商业功能为主的上海城市副中心，成为上海最繁华的地段之一。五角场处于邯郸路、四平路、黄兴路、翔殷路、淞沪路五条大道交会处，周围坐落密集的商业楼宇与购物中心。地铁 10 号线江湾体育场站和五角场站连通了站厅层、周边地下公共空间与商业城市综合体，吸引更多消费旅游人群。此外，五角场并非仅仅具有商业办公功能的城市副中心，它紧邻复旦大学、同济大学等高校，形成文化教育、知识产业、现代生活区和商业区融为一体的综合城市副中心。五角场周边道路改造范围如图 6-11 所示。

作为城市中心区，五角场周围也存在明显的路侧停车、非机动车与快递车辆随意停放、电动车逆行，以及大路口处人流过街需求较大等主要问题。上海市杨浦区针对五角场地区使用的自行车制定了专门的路线规划及道路改造计划。本节讨论针对国济路、国宾路及淞沪路—政通路路口的自行车设施改造，说明城市中心区自行车设施的常见问题。

1. 国济路路段改造

国济路政通路至中环路路段为自南向北的单行路段，但道路宽度足有 7 米，导致车速较快，增加行人过街的安全隐患。由于道路两侧主要设有零售店铺、餐饮店铺、商场和住宅小区，非机动车需求量较大，道路两侧非机动车占据人行道甚至车行道占

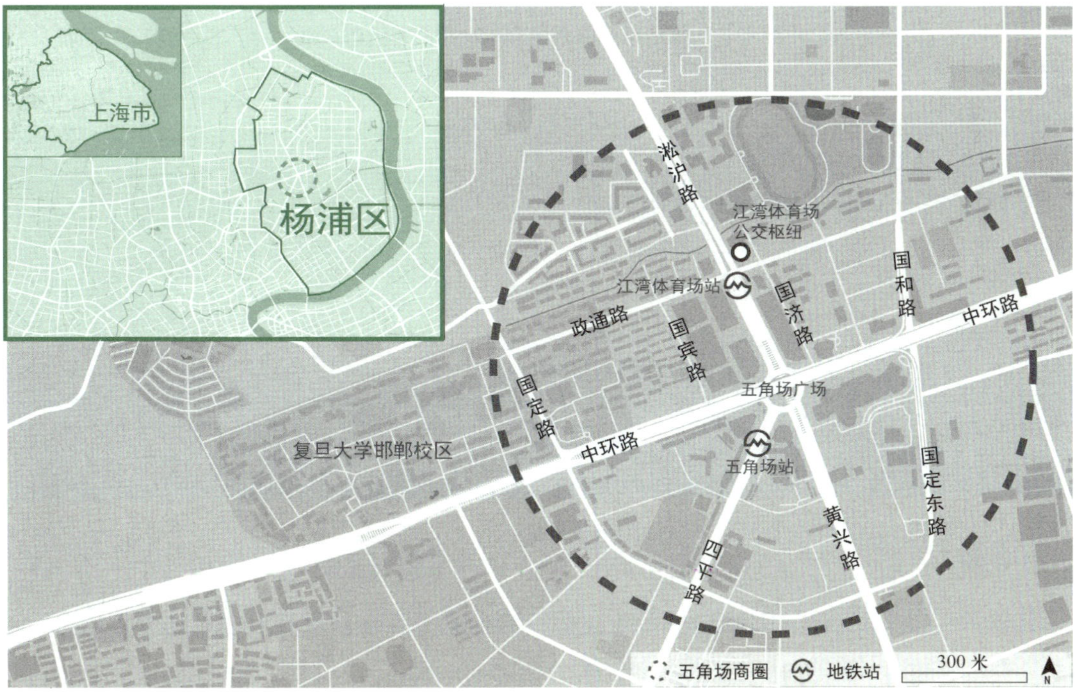

图 6-11　五角场周边道路改造范围

道问题突出，如图 6-12 所示。

针对其问题，主要建议如下。

（1）缩减机动车道宽度至 3 米，两侧增设各 2 米宽的非机动车道，使机动车行驶速度降低，保障行人和非机动车安全，如图 6-13 所示。

（2）增设交通稳静措施（如减速标识），提示机动车减速让行。

图 6-12　国济路道路两侧非机动车占道问题严重

图 6-13　国济路改造示意图

（3）如果可能，国济路应禁止外部车辆通行，仅允许商场停车车辆驶入。

（4）加强路边非机动车停放管理。

2. 国宾路北段改造

国宾路（政通路—邯郸路）东侧紧邻特力时尚汇和万达广场西门，沿街铺面丰富，出入口呈连续分布，自北至南的非机动车往往会选择在路东侧非机动车道上逆向行驶以减少绕行，造成该路段东侧自政通路而来的非机动车逆行量较大，对于东侧正常行驶的非机动车造成一定的安全隐患，如图 6-14 所示（黑色箭头代表主要自行车流方向）。

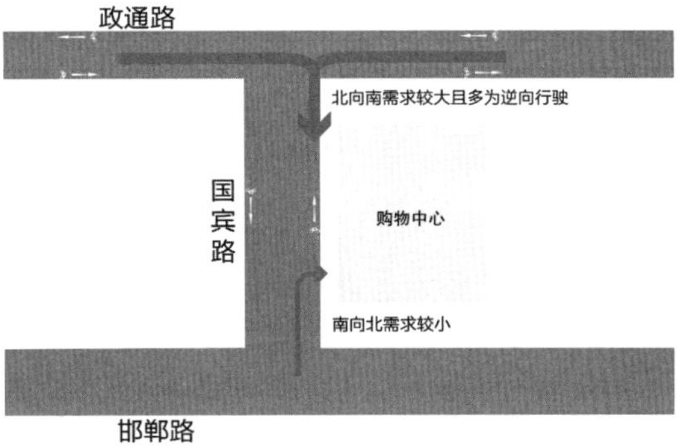

图 6-14　国宾路东侧北向南非机动车逆行需求大

图 6-15　国宾路东侧占道问题严重

丰富的商业店铺导致非机动车停放需求大。该路段东侧非机动车停放与配送车辆分拣占据了非机动车道，致使非机动车不得不与机动车混行，如图 6-15 所示。同时建议合理规划使用城市空间作为快递分拣空间，不应允许在主要路口、建筑出入口等易引发事故的公共空间进行快递分拣，宜设置专用的快递外卖临时停车区，快递车辆停放不应占用人行道、非机动车道等道路资源。

由于该路段东侧北向南非机动车流量较大，建议在道路东侧增设双向非机动车道并且对道路断面进行重置，如图 6-16 所示。

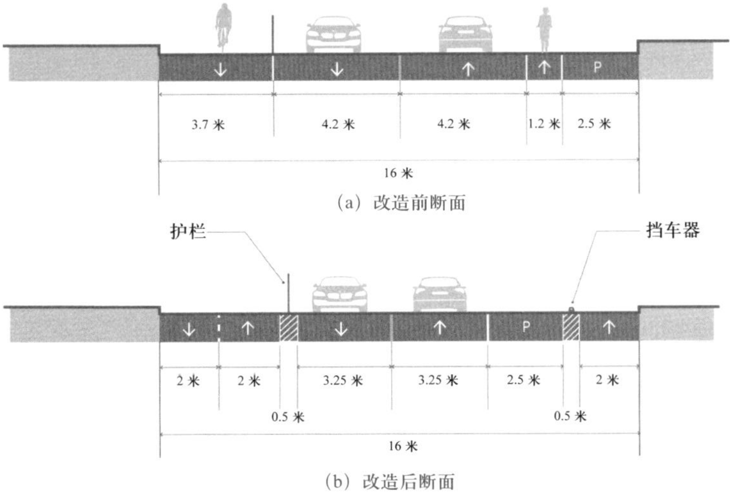

图 6-16　国宾路现状与改造路段立面示意图

图 6-17　国宾路改造示意图

国宾路主要改造建议如图 6-17 所示，具体如下。

（1）道路总宽度为 16 米，将机动车道宽度压缩至 3.25 米，东侧非机动车道改为单侧双向通行，宽度 4 米，其中顺行车道、逆行车道各宽 2 米。

（2）保留西侧路边停车位和非机动车道，将停车道移至非机动车道东侧，并拓宽非机动车道至 2 米。

（3）在机动车道与非机动车道间增加 0.5 米宽的隔离带且施划标线，东侧隔离带安装护栏，西侧隔离带加装挡车器。

（4）在道路东侧人行道上布设、施划非机动车停车区域和物流分拣区域，进一步管理并规范非机动车停车和货车临时停车。

3. 淞沪路—政通路路口改造

淞沪路—政通路为一大型交叉口，且存在隧道、桥梁、单行道路与双行道路对接等复杂情况，如图 6-18 所示。路口设地铁 10 号线江湾体育场站出口，周围以大型商场、写字楼、零售店铺、公交车站为主，存在较大的人流量。然而此路口面积较大，步行过街距离非常远，最远的过街距离长达 45 米，对慢行过街不利。此情况在西侧与北侧过街时尤为明显。

该路口主要有以下安全隐患。

（1）行人及非机动车过街距离较长，政通路过街需穿行 6 条机动车道，淞沪路过街需穿行 10 条机动车道。导致此现象的原因为机动车道设计过多，且人行横道后退路口距离过远，导致路口面积过大，如图 6-19 所示。

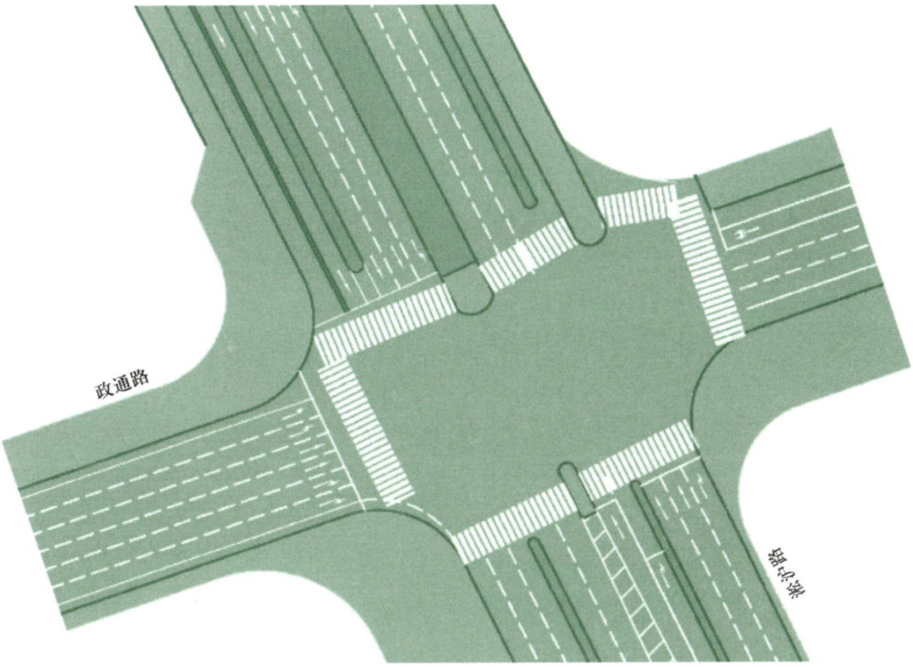

图 6-18　淞沪路—政通路路口现状示意图

图 6-19　部分行人选择在安全岛端头外穿行

（2）路口西北角为江湾体育场公交枢纽。此处有公交枢纽的出 / 收车口，导致人行道在此中断，也导致东西穿越淞沪路的过街距离更长，如图 6-20 所示。

（3）由于设计及多次改造后遗留的问题，路口多处上下游车道无法对齐，且在实际观察中发现有大量交织和冲突情形。

图 6-20　公交枢纽出入口处的人行横道情形

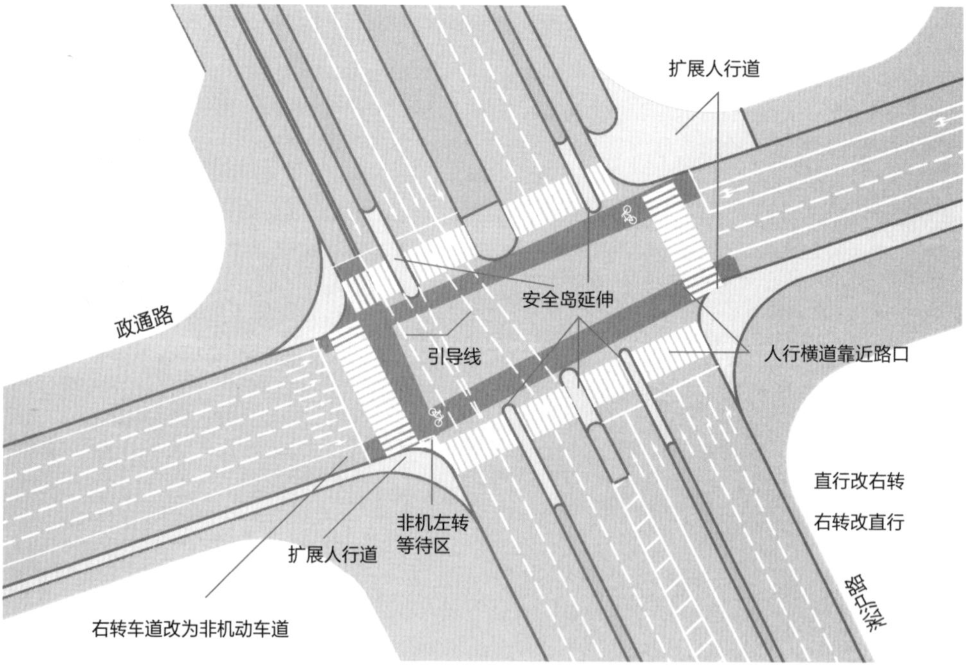

图 6-21　淞沪路—政通路路口主要改善建议总图

主要的改善方案建议如图 6-21 所示，具体如下。

（1）调整人行横道线设置，原则为尽量向路口收紧，缩小路口面积，尤其是路口南侧和东侧的两个过街点有较大的收紧余地。配合此举措，应延伸二次过街安全岛，尽可能保护行人，提供中途过街的休息点。如图 6-22 所示，此举可以缩短行人过街距

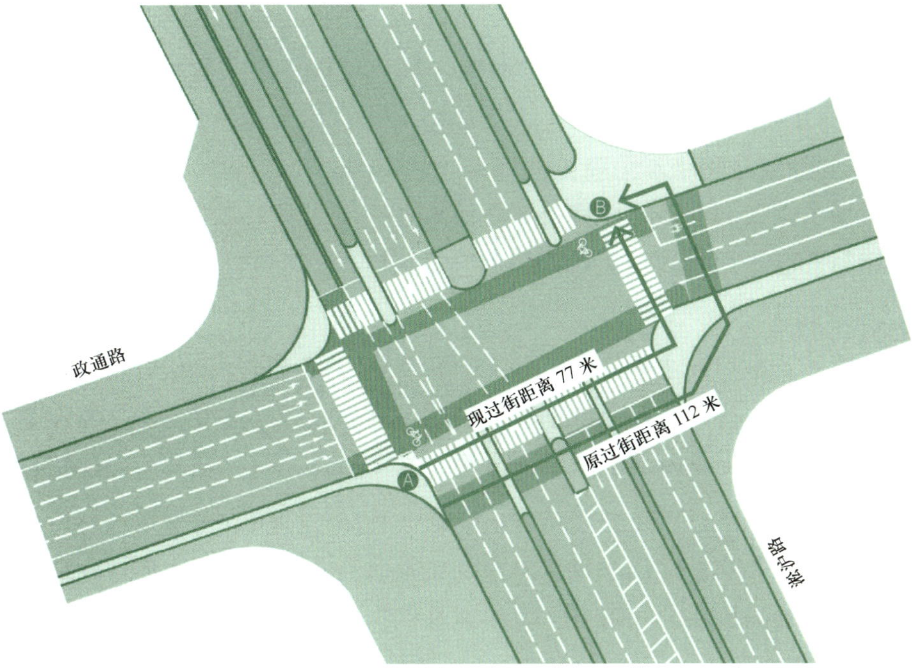

图 6-22　改变后的人行横道布置

离达 35 米。

（2）将公交枢纽处的人行道补建完整，或作为临时方案，以明确的铺装、标线、标志等划分路权，确定此转角处的行人空间权属。

（3）收窄四个转角处的转弯半径，推荐值为 6 米。

（4）延伸路中安全岛，保障过街安全等待区域。

（5）在路口西南角设置一处“非机动车左转待转区”，提升安全性。

（6）建议政通路西行由 2 个右转道改为 1 个右转道，剩余空间可分给非机动车道及人行道，并减少右转与直行的干扰。

6.2　城乡接合部道路安全提升

城乡接合部是指具有一定城市特征的乡村区域（刘坤，等，2020）。城乡接合部道路的设计、交通组成和交通流特性与城区相比有较大不同。很多城乡接合部是在公路沿线开展城市建设形成的。粗犷的公路断面不能满足日益增长的车流、人流需求，交通安全与城市扩张之间的矛盾越来越明显，快速的车行环境与人流产生冲突，易导致严重事故发生。部分城乡接合部环境集中了工业用地，重型车辆较多，混行较多，潜在道路安全风险大。城市中心区道路得益于人、车、路、救援体系的相对完善，安全水平相对较高且稳定，其交通安全改善重点在于设施更新升级；城乡接合部由于发展时间短、设施缺失、交通安全意识低、救援系统缺失、执法力量不足，需要以更快、更经济的方式降低事故率和死亡率（刘坤，等，2020）。

6.2.1 城乡接合部道路常见安全问题

针对城乡接合部道路的设施及道路使用者特征，下文总结了一些城乡接合部环境道路设计中需要优先考虑的问题以及相应的建议。

1. 车速管理

碰撞车速是影响交通事故严重程度的最重要因素。市郊道路的设计以小汽车通行能力优先，路幅往往较宽且道路平直，机动车容易以较高速度行驶，导致行人在过街保护设施缺失处过街易发生危险。城乡接合部道路缺少监管和其他物理措施迫使机动车减速，难以在较多行人穿越的路段，以及机非混行的路段保障慢行群体的安全。在慢行出行需求较大的路段及路口，需要重新考虑机动车限速，根据路段情况制定机动车限速标准，加强执法，并结合物理措施对机动车进行减速，如路口使用信号控制、安装交通稳静设施等。

2. 机动车停车问题

由于多数道路较宽、车流量较低，停车管理缺乏，市郊环境道路侧停车以及机动车、非机动车占用人行道现象较普遍。不规范的路侧停车可能产生的诸多安全问题。

（1）路侧停车阻碍过街行人视线。行人在人行道等待过街时，车辆与行人的可视性缺失，容易导致突发事故。

（2）路侧停车过于靠近建筑或住宅小区出入口，遮挡进出车辆视线，使进出车辆无法看到来车。

（3）路侧停车阻碍过街口或无障碍坡道等设施，导致行人被迫在没有过街设施处过街。

（4）车辆停入或驶出过程中与直行的自行车或电动车发生冲突。

（5）停靠车辆突然开左侧门也容易产生与非机动车的冲突。

针对这些问题，建议在住宅区附近街道，有刚性、长时停车需求的路段，在路侧设置嵌入式机动车停车位。此种设计使非机动车道外绕停车位，机动车停放不至于影响非机动车通行。应在机动车停车位左右两侧设置缓冲区。靠近非机动车道一侧缓冲带宽度不小于 0.75 米，靠近机动车道一侧缓冲带宽度不小于 0.5 米，供司机下车后沿路边行走使用，也可防止车门打开时与自行车的冲突。每 3 个停车位应设置一条宽 1 米的穿行道，供司机使用。同时加强执法管理。或者在无长时停车需求的路段，直接消除路侧停车位。因此，设置路侧停车位时，应考虑到行人及非机动车，保证视距内

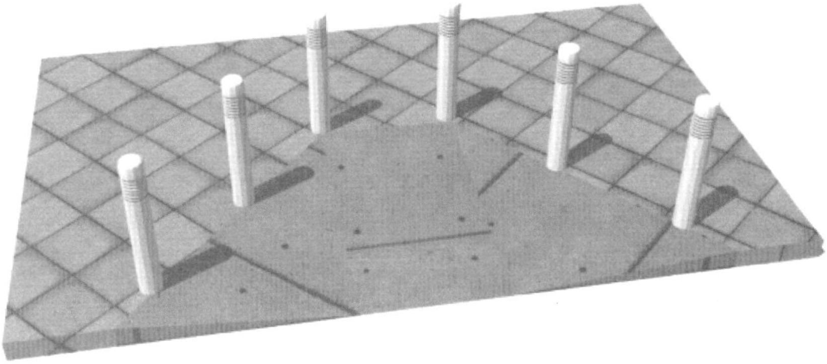

图 6-23　安装了阻车桩的缘石坡道

无遮挡，保证人行设施不被阻碍。如果现有停车位有堵塞建筑出入口、人行过街口、无障碍坡道等情况，应进行清除。

当人行道上有较多行人活动时，机动车、电动自行车驶入人行道及占用人行道停车，容易因失误撞上行人。这种情况对儿童尤其危险。在人行道较窄的地方，机动车停车可能完全阻断人行道，逼迫行人在路面上行走，导致隐患。因此，可以使用物理隔离的方式防止机动车驶入人行道，主要方法包括安装柔性材质和具有反光性能的阻车桩（图 6-23），以及抬高人行道。

3. 机非混行

在市郊机非混行、不设隔离的非机动车道中，非机动车与机动车的交织是交通事故的常见类型。尤其是电动自行车或电动摩托车，它们具有车速快、平衡差、运动随意、转向突然等特点，如果与机动车交织，容易诱发事故。在设有非机动车道却未设隔离的路段上，机动车、电动自行车驶上人行道及占用人行道停车的现象较普遍，机动车完全阻断非机动车道，也会迫使非机动车与机动车流混行。

为此，建议设置隔离的非机动车道，宽度应满足流量和通行能力的需求，并根据路段条件因地制宜设置。隔离形式可以是简单的隔离栏、绿化隔离带，一般不宜过高，否则会遮挡视野。路侧停车泊位施划应优先采用嵌入式停车设计，其次考虑路侧式停车。嵌入式停车设计是指利用路侧停车的方式隔离非机动车道，需要在路侧停车位与非机动车道间留有缓冲区且设置具有反光性能的柔性隔离桩，既防止汽车开门对非机动车的影响，也能阻止机动车驶入非机动车道。

4. 人行道条件及连续性较差

城乡接合部道路中人行环境较易被忽视，人行道铺面老化与连续性较差等问题较常见，使行人在重要路段不受保护，给弱势出行群体的出行增加困难。条件较差的人行道会增加行人摔倒的风险，还会使部分行人选择直接行走在路面上，提高了事故风险。另外，街道设施放置不合理，也会阻挡行人视线和通行区域。步行环境需连续，应尽量避免步行体系中的断点。人行道上的街道设施应结合整体环境与步行需求设置，并在道路维护时对人行道进行整体考虑和维护。

5. 过街设施不足

市郊环境道路的过街设施主要存在过街距离较长、人行横道无中央安全岛等问题，导致行人无法一次完成过街。很多人行横道无信号控制，实质上无法确保机动车让行人安全过街。具体体现在如下问题。

（1）在路段存在过街需求处，缺失安全过街设施。

（2）过街设施与其他道路元素不协调，过街设施两端被树池、停车位等阻挡，导致无法使用。

（3）过街距离较长时无中央安全岛，导致行人无法一次完成过街。

（4）部分车流量适中的路段在过街处虽设置了人行横道等过街设施，但由于未进行信号控制，也无法确保行人安全过街。

过街设施宜明确设置或禁止。在允许过街路段应设人行横道、过街安全岛、信号灯及标志标识等，并结合减速措施，保障行人安全过街。在不宜过街路段若出现行人穿行马路的情况，应使用隔离栏阻止行人穿越。

6. 信号灯对行人不利

路口行人信号灯设置不合理，如行人信号灯缺失、行人信号灯朝向错误、行人信号灯时长过短等，不利于行人过街。

设置行人信号灯时，应确保所有方向行人能准确看到对侧的信号灯。行人信号灯的绿灯时长应考虑行动缓慢的群体过街，以步行速度 1 米 / 秒计算。

7. 无障碍设施

城乡接合部环境道路在无障碍设施保障方面整体欠缺。集中体现的问题如下。

（1）过街处人行道缺少缘石坡道，给使用轮椅、推车或行动能力受限的人群上下人行道造成不便，如老年人、幼儿、使用轮椅、携带行李或重物的人士等。

（2）盲道中断、设置错误等现象较普遍，不利于残障人士使用步行设施。

为此，建议在所有需要上下人行道的地方设置缘石坡道，供使用轮椅、推车及行动不便的人群使用。缘石坡道的坡度可参考《无障碍设计规范》（GB 50763—2012），一般为 1 : 12 ～ 1 : 20。如果坡道较宽，应设置柔性材质的反光阻车桩，防止机动车占用或驶入（阻车桩间距宜为 0.85 ～ 1 米，应允许轮椅通过），如图 6-24 所示。盲道设置需连续，使用材料需防滑、耐久，避开树木、电线杆等障碍物，且指示方式正确。在人行道穿过建筑出入口的地方，出入口路面可以做抬高处理，并可使用不同

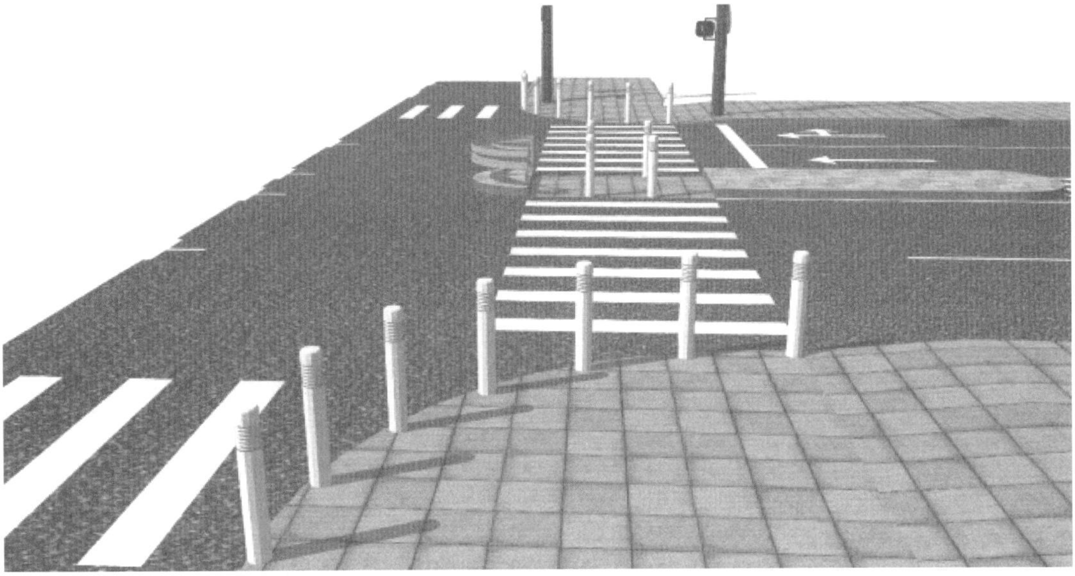

图 6-24 路口的无障碍缘石坡道与阻车桩设置示意图

颜色或材质，使人行道保持连续，车辆进出时需要减速。

8. 大型交叉口的处理

市郊环境的交叉口使用者不仅包含行人、自行车、汽车、公交车等，在很多路段也会出现重型货车，使用者的多样化对交叉口的安全性造成隐患。

市郊环境的道路往往较宽，交叉口也较大。大型交叉路口往往给驾驶员留有较大操纵空间，路口交通流的不确定性与复杂性随之增加。当路口出现车道不对齐、车道不平衡或有障碍物遮挡视线时，可能会导致驾驶员与其他道路使用者需要处理过多信息，无法对交通作出快速判断而发生碰撞事故。

由于城乡接合部人口密度较低，道路使用者多为小汽车，道路存在慢行设施不足或严重缺失的问题。过街等待区缺失、过街距离过长且无过街安全岛、行人过街绿灯时间过短等问题，都会导致行人与骑行者不受保护，被迫暴露在高速的车流中，造成严重伤亡后果。在郊区路口处，由于大型车辆转弯存在内轮差与驾驶员视觉盲区，非机动车往往被拐弯时的车身撞倒，并被后轮碾压，造成严重的交通事故。

为此，建议大型市郊环境的路口通过拓宽路缘石的方式尽量缩小交叉口，对齐车道并简化交通，提供过街等待区域并增设路中安全岛，保护行人过街，明确非机动车路权，将慢行群体的暴露水平降到最低。

6.2.2 专栏：上海嘉定区黄渡绿苑路道路安全改造案例

黄渡绿苑路位于上海市嘉定区安亭镇南部，北起于曹安公路，南讫于博园路，全

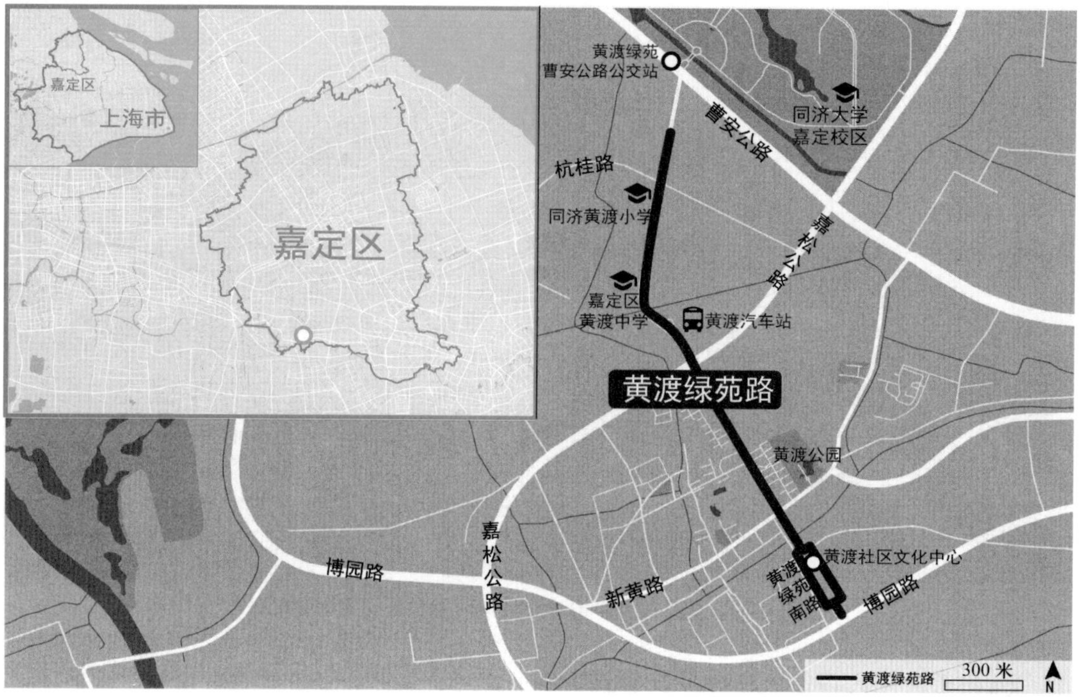

图 6-25　黄渡绿苑路区位

长 2.3 千米，为乡村公路，大体呈南北走向，如图 6-25 所示。路面宽度为 3 ～ 25 米，多数路段的人行道在 2 米以上。全路为双向 2 或 4 车道，两侧设路侧停车位，局部路段设非机动车道，机非共板。多数路段无路中隔离带，局部设路中隔离栏。

黄渡绿苑路有 5 处主要交叉口，从北至南依次为黄渡绿苑路—曹安公路交叉口、黄渡绿苑路—杭桂路交叉口、黄渡绿苑路—嘉松北路交叉口、黄渡绿苑路—新黄路交叉口和黄渡绿苑路—博园路交叉口。这些交叉口皆为信号控制路口，两侧土地主要为较高密度的居住、教育和商业用地。全路分布有 3 所学校，从北至南分别为同济大学嘉定校区、同济黄渡小学和嘉定区黄渡中学。黄渡汽车站也设在黄渡绿苑路上。

黄渡绿苑路在平峰时段机动车与非机动车交通量都较小，并无明显拥堵现象。机动车以小汽车为主，公交车线路较少，几乎无大货车通行。非机动车以电动自行车为主，但流量不大。黄渡绿苑南路的行人量较大。黄渡绿苑路限速为 40 千米 / 小时，学校段限速为 30 千米 / 小时，然而现场测速显示，平峰时段多数机动车通过学校段的速度高达 50 ～ 60 千米 / 小时。全路段的路侧停车阻碍人行过街口及出入口、占用人行道的现象较普遍，道路整体的步行设施与过街设施不足。针对黄渡绿苑路作为郊区道路的环境特点，其安全改造问题主要有以下几方面。

1. 人行道缺失或不连续

黄渡绿苑路整段有部分人行道缺失或不连续，例如新港桥路段两侧人行道缺失（图 6-26），导致行人行走在路面上过桥，机动车、非机动车、行人混行，增加了安全隐患。同时，新港桥的弯道曲率较大，容易出现视距不足的问题，驾驶员遇突发情况时可能来不及反应，导致侧向打滑。

另外，在黄渡社区文化中心附近路段步行设施缺失也十分严重，道路西侧人行道缺失，被绿地取代，行人被迫在路面上行走，如图 6-27 所示。人行横道止于绿地的设置不合理。

针对人行道缺失、不连续现象，主要建议如下。

（1）人行道需相对路面抬高，防止机动车驶入，具体可参考本地标准。

图 6-26　新港桥路段两侧人行道中断与缺失

图 6-27　黄渡社区文化中心出口路段

（2）人行道表面需平整，无坑洼或凸起。

（3）人行道需保留适当的通行宽度，且无障碍物阻挡。

（4）人行道及行人设施应连续设置，不可突然缺失。

（5）增加人行道的排水设施。人行道表面坡度应做整体设计，利于排水。针对落叶、垃圾易堵塞排水孔的问题，应改进道路维护管理流程和排水孔设计。

2. 过街设施设计不精细

黄渡绿苑路的过街设施设置不足，设计比较粗犷。路北段（曹安公路—杭桂路）和黄渡绿苑南路存在较多过街需求，行人容易在无过街设施处过街。过街设施缺失或设置不恰当的情况比较常见，对行人过街安全不利。例如，路中隔离栏的开口会被用作过街口（图 6-28），如果未设置合理的过街设施，则过街行为易诱发事故。

人行横道因树池和停车区域阻挡而无法使用（图 6-29）。

黄渡绿苑南路—博园路路口的东西与南北过街距离均为 35 米，远超 16 米的安全岛设置条件，但是路口人行横道没有二次过街安全岛，如图 6-30 所示。博园路限速 60 千米 / 小时，有较多大型车辆来往，对行人过街的安全性是重要威胁。

针对过街设施不足的问题，设置过街设施时宜态度明确：要么允许行人过街，要

图 6-28　路中隔离栏开口

图 6-29　人行横道被树池阻挡

图 6-30　黄渡绿苑南路—博园路路口

么禁止行人过街。允许行人过街时，应设置安全的过街设施；禁止行人过街时，则应使用隔离栏阻隔。如果不置可否，行人会按自己的意愿在不受保护的状态下穿行过街，既不利于交通安全，也不利于交通组织和管理。主要建议如下。

（1）在行人过街需求较大的地方，如学校、医院、市场、住宅小区、公交站点等区域应设置过街设施。增加过街设施不仅有利于保护过街安全，还能有效使机动车减速。

（2）移除阻挡现有过街设施的树池、停车位等，或者将人行横道设置在无阻挡的地方。

（3）当过街距离大于 16 米时，无论是路口还是路段的人行横道，均应设置二次过街安全岛。安全岛需要有起保护作用的反光防撞栏和缘石（图 6-31、图 6-32）。

（4）在行人过街需求较大的人行横道处，采用信号控制，确保机动车能够完全停止，避让行人。

城乡接合部道路的路口间距较大，下车后过街不便，设置在此处的公交站点一般都存在较严重的行人横穿马路现象（图 6-33）。以黄渡绿苑路曹安公路公交站点为例，此公交站点距离上下游路口分别为 120 米和 300 米，行人不会选择绕行到路口再过街，否则过街距离会增加 300 米至 600 米不等。

建议在有此类问题的公交站点处增设人行横道。一般而言，人行横道间距在 200 米左右较合适，而黄渡绿苑—曹安公路交叉口到黄渡绿苑—杭桂路交叉口的距离为 400 米，如果中间不设人行横道，势必诱发行人路中过街的行为。人行横道可设置在对侧两车站之间，上游需针对机动车进行减速，安装减速坡等稳静设施。另外，人行横道外的其他地段需安装路中隔离栏，诱导行人在有保护措施处过街。

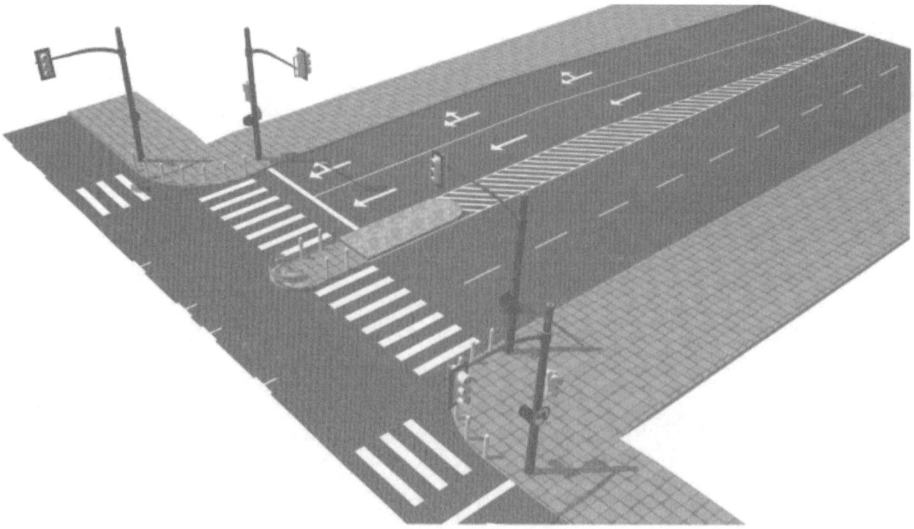

图 6-31　路口行人过街设计示意

图 6-32　路中过街设计示意

图 6-33　黄渡绿苑路—曹安公路公交站点

图 6-34　人行道铺装老化破损

3. 设施老化、功能缺失

黄渡绿苑路常发现由于道路设施维护力度不够，导致一些设施易老化、松动、功能缺失的现象。路面设施不足，无法满足道路使用者的安全需求，进而引发事故。例如，因人行道地砖老化导致步行面不平整，部分行人选择在路面行走，增加危险性，如图 6-34 所示。

许多道路标线（包括车道分隔线与人行过街斑马线）磨损严重，已不可辨认，从而无法保证其功能。尤其是行人在没有信号灯的路口过街时，驾驶员可能看不清人行横道，则易发生危险，如图 6-35 所示。

另外，路口处信号灯安装朝向错误，可能会错误诱导行人在机动车放行时段过街而发生危险，如图 6-36 所示。

图 6-35　路口过街处人行横道磨损严重

图 6-36　路口行人信号灯朝向错误

针对以上问题，有关部门应及时维护保养城乡接合部环境道路的路面设施，不仅包括机动车道维护保养，还包括人行道铺装、信号灯、指示牌、划线等设施的检查维护。

4. 大型路口安全隐患

以黄渡绿苑路—曹安公路路口为例，此交叉口为黄渡绿苑路上的较大型路口之一。曹安公路为市级公路，限速 80 千米 / 小时，路幅 50 米以上。公路北侧为同济大学嘉定校区西南门。学生过街需求较大。此路口的主要安全问题如图 6-37 和图 6-38 所示，具体如下。

（1）行人穿越曹安公路的安全性差，此路口只在东南侧设置了人行横道，西北侧人行横道缺失，但西北侧是正对同济大学嘉定校区西南门的方向。

（2）穿越黄渡绿苑路的人行横道没有设置二次过街安全岛，行人过街距离有 30 米。

图 6-37　大型路口处缺失行人过街等候区域以及二次过街安全岛

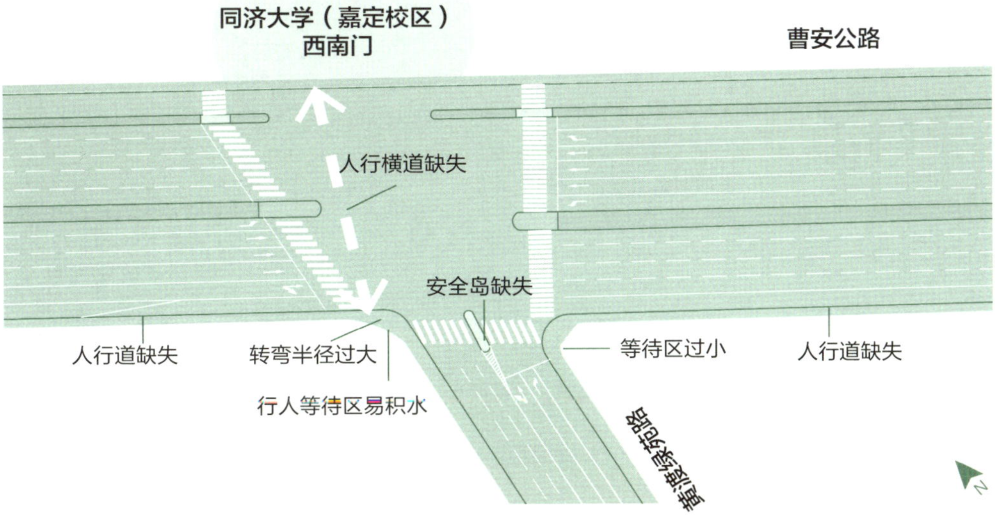

图 6-38　黄渡绿苑路—曹安公路路口主要问题

（3）此路口西南侧的行人等待区易积水，导致雨天行人不愿走人行道，直接在路面行走。

（4）东南角的行人等待区面积过小，行人站在路面上等待过街时，易与过往车辆发生冲突。

（5）行人过黄渡绿苑路时，信号灯通行时间较短。

（6）东南和西南两处缘石半径过大， 利于机动车在此处快速转弯，不利于行人安全。

（7）曹安公路南侧有科技园区或居住区的开口，也有公交站点，但现存人行设施只有绿化带中较窄的一条路径，人行道缺失。 行人如需沿曹安公路行走，则有时会和电动自行车混行。

针对以上问题，建议措施（图 6-39）如下。

（1）在曹安公路西北侧也设置人行横道、过街安全岛、行人信号灯等过街设施。

（2）已有的人行横道应设置二次过街安全岛。安全岛宽度需至少为 2 米。有防撞栏、路缘、阻车桩的保护。

（3）调整行人信号灯时长，使行人有充分时间过街。

（4）改造人行道，使用更坚固、耐久、易于排水的材料，最好采用抬高形式。

（5）在曹安公路南侧修建至少 2 米宽的人行道，供行人使用。

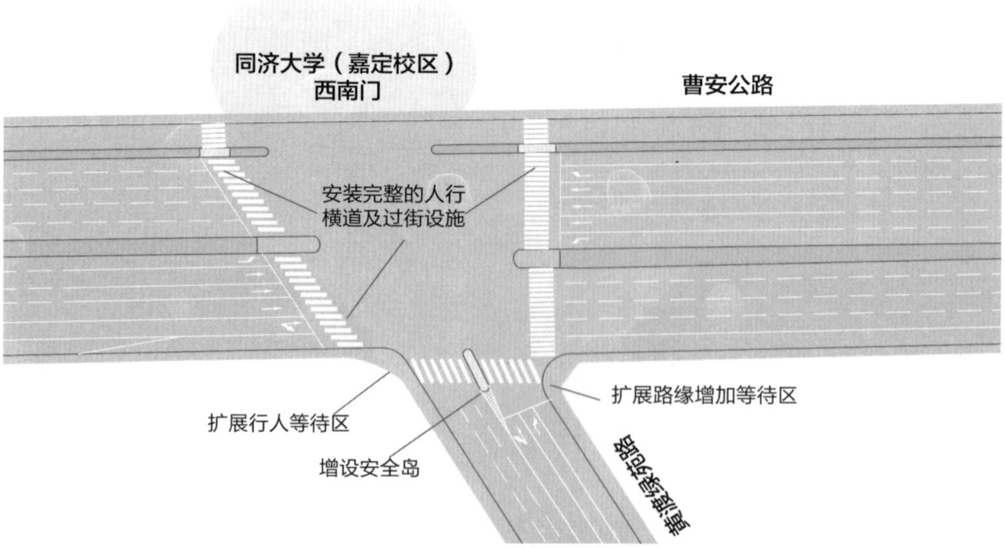

图 6-39　黄渡绿苑路—曹安公路路口建议措施

6.3 城市街道步行与自行车设施安全

步行与自行车出行即慢行出行，是城市出行中低排放、健康的绿色出行方式。步行和自行车骑行群体属于用路群体中的弱势出行群体，在与机动车碰撞事故中易导致严重伤亡。因此，城市街道中需要特别重视步行与行设施的安全性。

步行在我国主要城市的出行结构中占比为 25% ~ 30%（北京市交通委员会，2016；上海市城乡建设和交通发展研究院，2015；夏森炜，等，2019）。城市交通中，步行目的以通勤、消遣、购物、社区活动等为主，平均步行距离为 1 千米，平均出行时耗约 18 分钟（陈泳，等，2016；邓一凌，陈前虎，2017）。步行在居民日常活动中占有重要地位，不仅是主要的出行方式，也是连接其他交通方式的重要纽带。行人是我国的交通事故伤亡的主要群体，据不同统计口径数据，我国行人交通事故死亡人数占道路交通事故总死亡人数的 28% ~ 42%，并且集中在 15 岁以下的少年儿童及 45 岁以上的中老年人（WHO，2015；Wang，等，2019）。

自行车出行在我国主要城市的出行结构中占比约为 10%（北京市交通委员会，2016；上海市城乡建设和交通发展研究院，2015），伴随着我国城市大力推行公共交通“绿色出行”政策、“窄密路网”概念的普及，以及共享单车和共享电动车的出现，城市非机动车出行的分担率有所提升。高德地图 2017 年第一季度交通报告分析得出，自共享单车上线以来，上海与北京 5 千米以内短途驾车出行的比例有所下降，较 2016 年同比下降 3% ~ 4%（高德地图大数据，2017）。自行车在道路出行群体中为弱势出行群体。与小汽车不同，自行车由于缺少必要的安全保护设计，与其他车辆碰撞产生的动能会直接作用在自行车骑行者身上，造成受伤甚至死亡等严重后果。

6.3.1 城市步行环境常见安全问题

1. 人行设施缺少系统性

人行设施缺少系统性布局是影响步行环境安全的上层原因。此问题具体体现在城市有步行需求的路段出现人行道缺失、步行过街设施缺失、步行配套设施缺失等问题。由于人行设施缺失导致行人与车流混行或无保护过街等行为，是产生行人事故的常见道路因素。同时，人行系统与市政、绿化、停车、公交设施及沿街建筑等其他系统之间缺少关联性考虑，系统间可能会发生相互阻碍、影响功能、流线冲突等问题。

步行环境系统性缺乏的一大原因是交通体系中各出行群体的优先级倒置。街道设计长期以小汽车等机动出行方式为主体，导致车行系统被重视而步行系统的完整性被忽视。步行设施出现断头、阻挡、缺失、过街安全等问题后，得到的重视不够。城市街道应该建立“以人为本”的原则，遵循步行＞自行车＞公共交通＞小汽车的优先次序，

应用

优先确保步行和自行车空间。在道路安全管理中也应该坚持步行优先的原则。

同时，我国尚缺乏针对慢行系统的完整的标志标线体系要求，导致慢行路权缺乏保障，不利于用路群体的行为管理，从而诱发交通秩序和安全问题。相比之下，机动车标志标线体系较为完善，标志标线的类型、字体大小、设置位置、线型、颜色等有全面和详细的规定。

建议在城市街道规划设计时应考虑步行系统的系统性、完整性。在进行道路安全改善时，应重点考察以下方面。

（1）在行人流量大的区域是否确立了步行＞自行车＞公共交通＞小汽车的交通优先级。

在行人流量大的区域是否设置了宽度足够的步行设施。

以人行道和过街设施为主体的步行设施是否连接为整体。

步行系统中是否存在人车混行的危险情况。

（5）将市政道路与路外步行小径、住宅小区内道路、公共建筑室内穿行捷径等步行通道统筹考虑。

（6）对交通标志标线体系进行系统化考虑，是否有完善的城市步行、自行车标志标线及指路系统。

2. 人行道净宽与净空不足

在存在人行设施的环境中，人行道被占用而导致行人选择车行路面步行是导致人车冲突的一大原因。树池、变电箱、报刊亭、广告牌等结构都可能导致人行道阻挡，使行人通行空间严重不足。我国相关标准缺少对步行空间净宽度的定义和规范。步行空间的净宽度或者有效宽度是指行人能实际使用的、不受障碍物影响的通行空间宽度。净宽度是决定人行道实际使用情况的重要因素。同时，人行道的净空也可能受沿街凸出物体的影响，从而妨碍行人使用人行道。

建议步行设施设计应考察净宽和净空，以及步行面障碍物的情况。

（1）人行道在横断面上应划分为步行带、绿化带、建筑前区、路侧设施带等几个条带。

（2）步行带为无障碍物干扰的行人通行空间，其宽度应满足 1.5 米的最小值。此值为两个行人通行的必要宽度。

（3）步行带、绿化带、建筑前区和路侧设施带等功能条带不应在断面上重合设置，保证行人最小通行净宽度的要求。

（4）在步行带内，还应保证路面铺面的平整防滑，以及盲道、缘石坡道等无障碍设施的设置。

3. 行人过街的安全问题

过街行为是步行的重要组成部分，也是道路交通事故发生的重要环节（陈世峰，2020）。行人过街可以分为合法过街与不合法过街，其区别在于行人是否在有过街设施的地方按照交通规则过街。不合法过街既有行为方面的诱因，也有道路因素。

（1）合法过街点处的道路设计是否合理与安全设施是否到位是确保过街点安全性的基础。过街按地点分为路口过街与路段过街，按控制方式又分为有信号控制过街与无信号控制过街，按交通分离方式分为平面过街与立体过街。路口过街的主要安全问题在于视距、过街距离、车辆转弯与行人的冲突、二次过街保护以及信号设置等方面。路段过街的主要安全问题在于视距、二次过街保护、车速管理以及信号设置等方面。在采用立体过街时，则需要考虑行人因上下行导致的绕远距离，应规避长距离上下行，合理设置无障碍设施，增设路面阻拦设施。

（2）不合法过街也有道路方面的诱因。例如，过街点间距过远是不合法过街的一大成因。缺少行人隔离和阻拦设施是不合法过街的必要条件。由于立体过街设施使用不便，滥用立体过街设施或立体过街设计不合理易导致行人在路面不合法过街，诱发事故。

在城市环境中应重点考察步行过街的安全性，具体应考虑以下八点。

（1）过街点的选择应与周边环境和过街需求匹配，在重要商业及公共建筑、公交站点、医院、学校等过街需求较大的地段，应结合人流动线设置过街点。过街点间距应不致产生过远的行人绕行距离。按《城市道路工程设计规范》（CJJ37—2012），人行横道间距宜为 250 ~ 300 米。

（2）从道路安全角度看，过街点间距也并非越密越好。过于密集的过街点容易使驾驶员产生视觉疲劳和注意力消退。密集的、无法保证安全的过街点不如少数集中的、有安全设施的过街点。因此，过街点设置需要统筹考虑需求、成本、安全性等因素。

（3）路中过街点设置应避免危险路段，如视距不佳、急弯陡坡等路段不应设置人行横道。行人过街点处应尤其注意视距问题，应消除绿化、站亭、公共设施、路侧停车等造成的视线遮挡。

（4）过街形式的选取应与道路上的运行车速匹配。在实际车速较快的道路上（40 ~ 50 千米 / 小时或以上），不应设置无信号控制的平面过街点。

（5）平面过街是比立体过街更人性化的过街方式，应优先考虑。在车速较大、车流量高的路段，可以使用立体过街，但应特别注意行人绕远距离、无障碍设施、立体过街与周边建筑的联系、路面行人阻拦设施等，防止因行人使用不便导致不合法过街，诱发事故。

（6）路口的设计详见 6.6 节。

（7）做好过街点二次过街设计。按《城市道路工程设计规范》（CJJ37—2012），当人行横道长度大于 16 米时，应在分隔带或道路中心线附近的人行横道处设置行人二次过街安全岛，安全岛宽度不应小于 2.0 米，困难情况下不应小于 1.5 米。

（8）在过街处，人行横道线的设置应与过街处对齐，不应被障碍物阻挡，并应设立人行横道预告、指示标志标线。在无信号控制的路段设置人行横道时，应在人行横道前配合设置停止线、人行横道预告标识和人行横道标志，也可增设注意行人标志。

6.3.2 城市自行车环境常见安全问题

非机动车道缺少有效隔离设施、机动车侵占自行车出行空间是影响自行车出行的重要因素。调查结果表明，对于单幅路、双幅路，机动车与自行车之间缺乏物理隔离设施，机动车随意进出和停靠非机动车道现象十分普遍；对于三幅路、四幅路，机动车进出停车位及通过路段时占用非机动车道，造成自行车行驶空间被挤占，自行车被夹在机动车缝隙之中的现象屡见不鲜，对自行车骑行者的安全构成威胁（中国政府网，2016）。

改善街道设计可极大降低自行车伤害与碰撞事故的发生率。例如，适当拓宽非机动车道，设置带隔离的非机动车道，提升自行车骑行者的安全感；合理设计，增强自行车与机动车的相互可见性；合理设置标线和信号灯，应对路口的交通冲突等。为城市创造更安全、有效的自行车设施，应在规划设计自行车服务设施时优先考虑以下问题。

1. 城市非机动车道网络的缺失或断点问题

打造绿色出行方式，降低城市与日俱增的机动车出行比例，需要在整个城市道路网络中考虑自行车骑行者的需求。为自行车骑行骑车者提供连续成网的非机动车道可以在很大程度上满足自行车使用者出行时的使用需求及安全需求，这也是决定市民是否愿意使用自行车出行的重要因素。若城市非机动车道未能连成网络或路网密度较低，往往导致自行车出行时，在部分出行路段缺失路权，被迫与小汽车混行，易产生碰撞危险。

建议设置连续有保障的、带有隔离的非机动车道，适当安装交通稳静化措施，并特别注意在设计路口和交叉口时优先考虑自行车骑行骑车者的需求，具体有以下八个方面。

（1）为自行车骑行骑车者提供最直接的路线和连续路权。

（2）非机动车道宜具有连贯性，在交叉口或出入口处应保持连续。

（3）将自行车与高速机动车交通分开，交叉口考虑骑车者需求并保证视线清晰。

（4）针对道路情况考虑非机动车道的类型 / 层级。

（5）安装道路指引工具和标志标识。

（6）提供充足的自行车停放空间。

（7）安装信号灯，提高自行车的安全性。

（8）自行车在非机动车道隔离缺失，必须与机动车共享路权时，需要醒目的标识或铺面明确自行车的路权。

2. 自行车道隔离问题

许多城市道路虽然保留了非机动车车道，但并未隔离，仅用标线划分道路使用空间，无法有效保障自行车路权，机动车仍处于强势地位，占道现象频发。占道行驶、停靠、上下客是机动车在路段上与非机动车发生冲突的主要形式。

在非机动车道的设计中安装隔离设施，将非机动车道与机动车道在空间上分离，并适当安装减速设施，可以有效提升自行车骑行者的安全并降低冲突风险。非机动车道有隔离保护时，能减少其他交通方式对自行车的干扰，同时能增强自行车骑行者的安全感，由此提高自行车出行率。

路中段的隔离形式较多，道路宽度有保障的情况下可以使用绿化隔离带、隔离栏、柔性阻车桩等设施进行物理隔离，道路宽度局限的情况下可采用标线隔离。在交通量适中或较大的街道，可在非机动车道和机动车道之间设立物理障碍或缓冲区，但应在路口前移除障碍。此外，还可以利用路边停车位为非机动车道提供隔离保护，即将非机动车道设在停车位里侧，避免自行车受到机动车干扰。用于隔离的设施应使用柔性材料，避免对自行车骑行者造成二次伤害。应考虑物理隔离设施的颜色或使用反光膜，提高夜间可见度。可采用的机非隔离样式如图 6-40 所示，具体如下。

（1）绿植隔离，用于具有景观需求且路面空间较富余的道路。

（2）柔性阻车桩隔离，用于一般性机非隔离，非机动车道宽度不低于 2.5 米时使用，宽度过窄时易产生剐蹭。

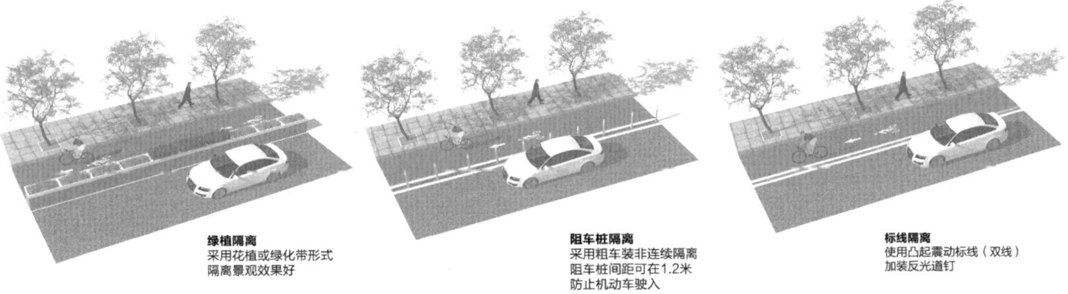

图 6-40　三种机非隔离形式

（3）标线隔离，建议采用凸起振动标线与反光道钉结合的模式。凸起振动标线可产生振动感与噪声提醒越线驾驶员，反光道钉可在夜间增强非机动车道可视性。

3．人非共板的非机动车道安全问题

中国一些城市为解决城市拥堵，保障机动车的通行能力，道路设计改造往往压缩人行道空间，采取人非共板的下策。这样的设计虽然可以保障原有道路的机动车行驶空间，相对节约道路资源，但是会导致人行道与非机动车道之间无高差，步行空间会受到自行车及电动自行车的干扰，对行人安全影响较大，尤其在人非共板断面过小且行人与自行车流量较大的路段。近年来，电动自行车及电动摩托车在我国城市大量使用，其外形相对轻巧且行驶时十分安静，但行驶速度远快于人力自行车，可达到 30 ～ 40 千米 / 小时。这是人非共板对行人安全的主要威胁。电动车出现以来，城市电动自行车和行人的交通事故迅速上升。我国与电动自行车相关的年交通事故已达 5.62 万起，年均增长 8.6%（人民网，2018）。

采用人非共板的形式时，建议将非机动车道与步行空间进行适当隔离，避免自行车侵占步行空间引发事故，且尽量采取物理隔离的形式将行人与非机动车流分开，具体形式有隔离桩、隔离带、高差区分等，如图 6-41 所示。

在路口或出入口处，应正确施划自行车引导线，引导自行车正确过街，防止自行车（或与之混行的电动自行车）在过街处与行人混行。另外，路口处应针对行人与自行车分别设置缘石坡道，二者不宜重合，否则会导致自行车与行人争用缘石坡道，为行人带来不便与危险。

4．非机动车道在路口及建筑出入口处的连续性

交叉口和建筑出入口处是自行车与其他交通方式有较多冲突的地点。由于建筑遮挡视野较差、缺少警示标识或减速措施、道路使用者争抢路权等原因，自行车在交叉

图 6-41　日本城市街道上人非共板时采用的隔离形式

来源：Byron Kidd，2014

口和建筑出入口处常发生人车擦碰事故，安全隐患较高。

为此，应在建筑出入口处明确路权的优先级，优先确保步行和自行车的安全和连续，其次才是机动车的出入。可以采用的措施如下。

（1）抬高建筑出入口区域，确保非机动车道的连续，并使出入的机动车减速，避让自行车；应设置阻车桩，防止机动车占用或驶入非机动车道。

（2）如果有视线遮挡，可以安装广角镜等设施增加机动车的视野，避免不必要的冲突。

路口若缺少标线标指引自行车行车方向，易导致自行车骑行者驶入机动车道，被迫与机动车混行，大大增加了自行车骑行者的危险。为此，建议交叉口处的非机动车道标志贯穿整个路口，确保自行车骑行者安全过街。

5. 大型路口自行车左转缺少保障

在大型路口处，自行车与机动车同时放行左转时，由于转弯路径较长，会造成大量自行车与机动车混行通过路口，车流的交织不利于自行车安全，且会影响交叉口的通行能力。

交叉口较大且路口处没有大型车辆右转时，可以采用非机动车二次停车完成路口的左转。当所在方向为绿灯时，非机动车通过路口到达对向，在此等待绿灯通过；当所在方向为红灯时，非机动车通过人行横道先到达等待区等待，以此保障自行车骑行者的过街安全。这种放行方式有利于保证路口内自行车的安全，大大降低自行车左转引起的交通事故。采用二次停车左转的设计需要处理好等待过街的自行车和右转机动车的冲突，合理设置二次停车左转等待区。

自行车在路口左转的第二种改进方案是使用左转待转区，如图 6-42 所示。此种方式适用于小型路口，通常是在每方向车道数为 1 条、信号与车道都不区分左转与直行的路口。同时，还适用于自行车左转和 / 或机动车右转频繁的路口，此时自行车在路口转角等待不安全。在大型路口不建议设置非机动车左转待转区，因为自行车左转待转区跨越多条车道，会引发不规范的等待行为，且等待左转的自行车会对后方车流造成阻挡。在机动车左转待转区提前的路口，也不宜设置非机动车左转待转区。

6. 自行车信号优先

自行车信号灯明确了通过路口的主体和时间，同时通过信号灯时长优先让自行车骑行者通过，可使自行车骑行者通过路口时更加安全。信号灯按钮、自行车专用等待区、彩色路面和标线可与自行车信号灯结合使用，提高自行车过马路的安全性。

交叉口可将自行车信号灯与现有传统信号灯结合使用，在交叉口给予自行车骑行者优先权。自行车信号灯安置的地点和设计应优先让自行车骑行者看见，以防小汽车先行加速通过。在自行车骑行者转弯较多的路口，可以考虑将自行车绿灯先于行人绿灯时段，增加路口通行能力，如图 6-43 所示。

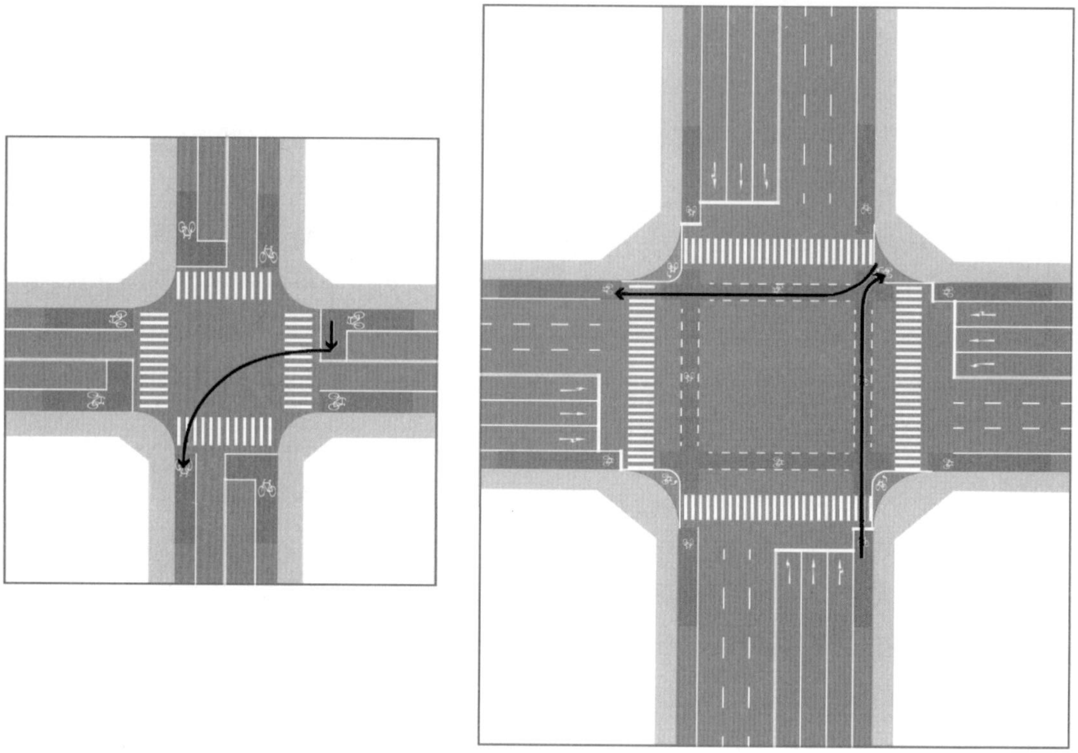

(a) 在小型路口使用自行车左转待转区

(b) 在大型路口使用自行车二次停车左转

图 6-42 非机动车在路口左转的两种方式

图 6-43 路口行人与自行车信号灯设计应优先考虑慢行群体

此外，还可以设置针对自行车的“绿波”，结合自行车信号优先，在路口提高自行车的优先级。给予自行车信号优先不仅避免了自行车与右转车辆的冲突，也提升了非机动车道的通行能力（李威，薛露露，2016）。

6.3.3　专栏：哥本哈根自行车优先城市建设

丹麦作为自行车最为普及的国家，其国民对自行车的热衷，并未随着收入水平的提高以及高纬度地区的寒冷而衰退。丹麦全国 26% 的通勤出行方式为自行车，49% 的 10 ～ 15 岁学生骑自行车上学，每个丹麦人每天平均骑自行车距离为 1.6 千米。首都哥本哈根的自行车数量更是多于居民数量，34% 的通勤出行方式为自行车（CED，2019）。

20 世纪 60 年代，随着小汽车的普及与郊区化的新城建设，哥本哈根经历了以汽车为导向的城市发展过程，自行车出行量急剧下滑。复兴自行车，最初是由 20 世纪 70 年代的能源危机与环境保护运动所触发。为此，丹麦政府不仅引入了“无车日”等短期措施，减少石油消耗，也着手于规划长远措施，抑制机动车使用所带来的空气污染、交通事故等问题。其中，大力倡导自行车出行也作为主要长期应对措施之一。

40 年后，哥本哈根市政府发展自行车的决心依旧。而其初衷已从最初的减少能源消耗，发展成为当今的广泛目标，包括减少温室气体排放、改善健康、发展城市旅游等。根据哥本哈根市政府的研究，骑 1 千米的自行车，其社会成本仅为驾车的约 1/6（CED，2010）。所以，较之高速公路、轨道交通等基础设施投资，自行车属于低投入、高社会回报率的投资。例如，对一个路口进行自行车设施改造，可以实现 33% 的内部社会回报率，建设 1 千米的自行车道可在 20 年内实现净现值 42.3 万丹麦克朗（折合人民币约 43.4 万元）的社会效益（CED，2010）。在自行车为哥本哈根所带来的各种社会效益中，其对延长寿命、健康、营销与旅游业的贡献更为显著，如表 6-1 所示。

纵观哥本哈根的自行车复兴之路，在后机动化、出行方式越发多样化的时代里，自行车出行的增加，只能靠提升吸引力、便捷、安全与舒适性。为主动引导自行车发展，哥本哈根采取了多元化的措施，最终使自行车称为城市的象征。这些措施始于基础设施建设，并逐步植根于社会文化，可总结归纳为硬件、软件、体制三位一体的战略。

（1）硬件即基础设施，是丹麦复兴自行车的第一步。

（2）软件即整体文化的塑造和服务的提升，是形成骑行生态系统和民众基础的重要部分。

（3）体制是确保自行车长期发展的制度保障，包括具有法定地位的规划、监督机制、法律法规和资金投入。

表 6-1　自行车与小汽车行驶 1 千米的社会成本比较（单位：元人民币）

成　本	骑　行	开　车
时间成本	4.95	1.58
车辆运行成本	0.33	1.01
延长寿命	–2.56	0
健康	2.88	0
事故	0.77	0.22
营销 / 旅游	–0.02	0
空气污染	0	0.03
气候变化	0	0.04
噪声	0	0.36
路面损坏	0	0.01
拥堵	0	0.46
总计	0.59	3.70

注：表中负值表明为社会收益
来源：CED，2009

1. 打造便捷、安全、舒适的自行车网络

哥本哈根对自行车基础设施保持着持续稳定的资金投入，每年在自行车设施上的投资占基础设施总投资的近 1/3，仅 2010 年就达 1.5 亿人民币。哥本哈根的自行车基础设施建设已经超越了简单的自行车道施划，而是全面兼顾便捷、安全、舒适这三个目标，即减少门到门的出行时间，提升自行车出行的安全感与舒适度。

自行车出行的便捷性是自行车设施规划中的首要目标。据统计，哥本哈根 48% 的居民选择自行车出行的主要原因是其便捷性。为提升便捷性，哥本哈根创新性地采取了如下措施（CED，2012）。

（1）隔离、无停车干扰的自行车道：与我国城市自行车道通常被停车位侵占不同，哥本哈根 350 千米的路侧自行车道在建设中，大多数是以减少路侧停车为前提。多数自行车道甚至会做抬高处理，如图 6-44 所示防止机动车随意侵占。这些措施有效保障了自行车的路权，也增强了自行车出行的安全性。

（2）自行车（及行人）专用的捷径通道：除了路内自行车道，哥本哈根也规划了自行车专属的“捷径”，跨越及延伸城市路网系统，以缩短自行车出行距离。小型捷径包括在机动车单行道路上为自行车设置双向车道，或者跨越铁轨、河流等物理障碍的自行车通道，如图 6-45 和图 6-46 所示；大型捷径包括天桥、地道等立体穿越设施。

图 6-44　自行车路权的保护

此外，哥本哈根还建立了长度在 10 千米以上的多条自行车专用的快速走廊（Bicycle Super-highway），供近郊居民往返市中心通勤。

（3）信号优先：在多数路口还设置了自行车信号优先以及针对自行车的“绿波”，通常给予自行车至少 4 秒的信号优先（或者在公交优先路口予以自行车同样优先权），避免自行车与右转车辆的冲突，并保障自行车道通行的畅通，如图 6-47 和图 6-48 所示。

（4）自行车与公共交通整合：自行车与公共交通的整合能提升长距离通勤的便捷性，对大型城市提升自行车分担率尤为重要。哥本哈根自 2010 年起允许乘客免费将自行车带上地铁、火车等城市轨道交通工具。大型轨道交通车站与枢纽也配备有大规模地上与地下自行车停车设施，甚至包括自行车维修等配套服务，如图 6-49 所示。

道路安全（既包括实际安全，也包括对使用者对道路的安全感知）是哥本哈根自行车设施设计中另一个最为关注的问题。据哥本哈根市政府的调查显示（CED，2010），22% 市民认为安全的街道会增加他们选择自行车出行的可能。世界资源研究所的一份全球道路安全研究表明（Welle，等，2015），合理的街道设计有助于改善道路交通秩序，提升自行车行车安全，提高街道的整体服务水平。在具体改善措施上，

图 6-45　连接港口两岸的 Inderhavnsbroen 桥，只供行人和自行车使用，既是捷径，也是公共艺术

图 6-46　一段自行车快速走廊（Super-highway）穿过社区活动场

图 6-47　自行车专用左转道及信号

图 6-48　自行车专用信号灯

图 6-49　Nørreport 地铁站及附近的自行车锁车设施

拓宽自行车道、加强车道的隔离保护、扩大自行车信号优先的范围等，对提升自行车出行分担率效果明显，分别得到 33%、29% 和 26% 市民的支持。

为提升自行车安全，哥本哈根将“安全”渗透到道路设计的每一个细微环节，特别针对交叉口以及“断点”（即缺乏保护的地方）两类地段进行了设计，具体措施如下。

（1）交叉口改造：由于交通状况复杂、冲突点多，交叉口是自行车事故的高发地段。对交叉口的改造通常包括为机动车道进行“瘦身”和给予自行车优先权（如自行车停车线提前、自行车信号优先）等。可根据路口是否具有信号控制来开展自行车设施改造优化（图 6-50、图 6-51）。

（2）“断点”改造：自行车网络中的“断点”通常是道路交通事故高发的地段。由于机动车是自行车安全的最大威胁，而机动车车速又是其中最大的危险因素，因此在学校、居住区等区域应设置慢行区，以交通稳静措施降低车速。

舒适性是创造自行车友好出行氛围的加分项。在哥本哈根，提升舒适性的部分措施包括：将自行车停车位设置在重要目的地的醒目位置；对非机动车道表面进行处理，保证其尽可能平整、防滑；提供便民设备如气泵站、饮水器、地图、指路标识等，并作为自行车网络的有机整体进行系统规划。

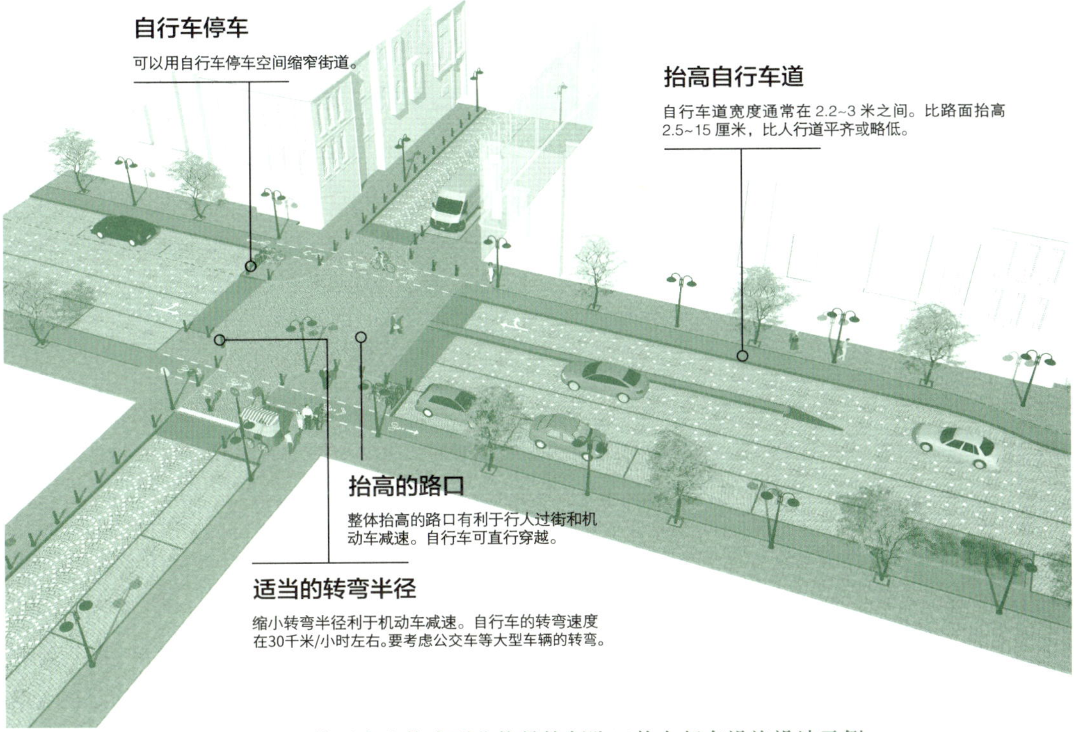

图 6-50　基于安全的小型非信号控制路口的自行车设施设计示例

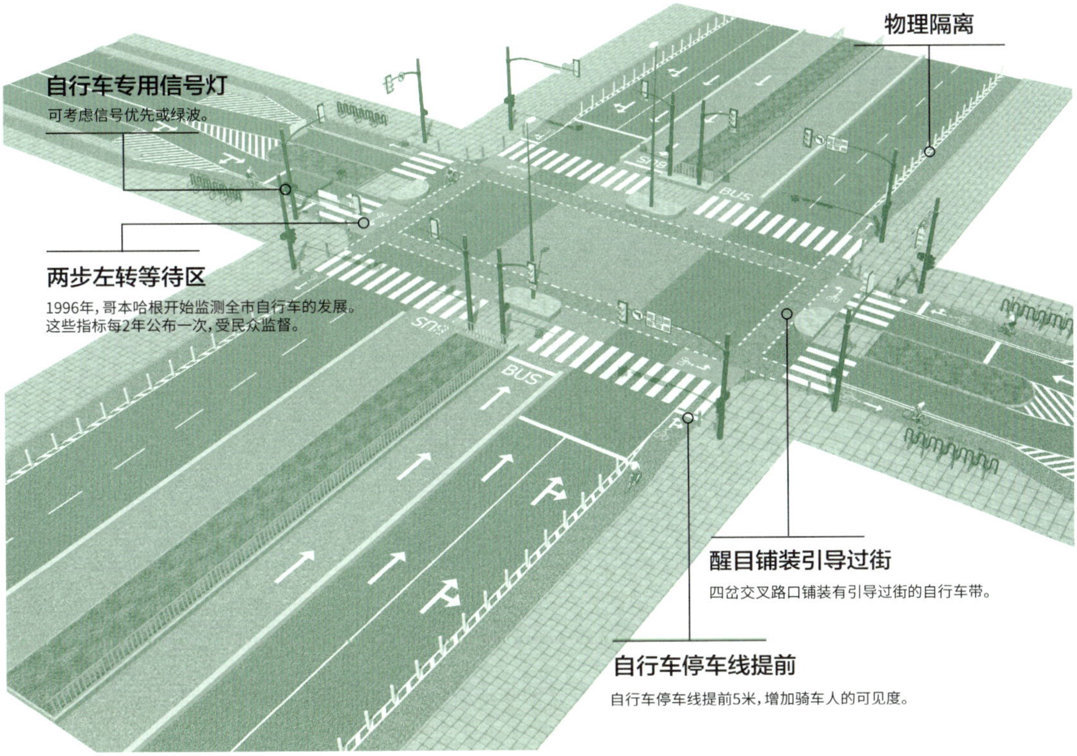

图 6-51　大型信号控制路口的自行车设施设计示例

应用

2. 孕育自行车出行的文化

仅依靠基础设施建设来提升自行车的吸引力是不够的。毕竟自行车是一种与社会符号效应、收入高低紧密关联的出行方式，特别是随着居民收入水平的提高，自行车往往与“廉价”联系起来，严重扼制自行车的社会接受与普及程度。所以，需要开展大规模宣传与教育，改变人的认知，让骑自行车出行群体能够感受到如驾车出行群体同等的自豪感与满足感，使自行车成为市民生活方式的一部分，以及城市形象有机组成部分。

在丹麦，对自行车出行的宣传教育与改善自行车设施同等重要。所以，丹麦格外注重自行车社会符号效应，大力借助“名人效应”将自行车与活力、健康、社会成功等价值符号形成关联。例如，对王室成员、高级政府官员骑自行车出行进行广泛报道，已经成为丹麦提升自行车社会形象的重要宣传策略，如图 6-52 所示。

此外，丹麦最大的 3 个城市都发起过大型的自行车形象宣传活动，如 I bike Copenhagen 活动。以丹麦自行车联盟为例，该联盟发起过多次针对不同人群的全国性宣传活动，如鼓励上班族骑行的骑车上班（Bike to work）活动，针对儿童骑车上学的活动（Bike to school），提高头盔佩戴率的“为了爱，戴上头盔”（Use a helmet because we love you）活动等。

另外，丹麦的自行车教育也遵循“好开始就是早开始”（A good start is an early start）的原则，强调从娃娃抓起。丹麦人接触自行车可以从婴儿期算起：17% 的丹麦家庭拥有载货用自行车（cargo bike），街头随处可见父母将孩子放在自行车载货框里。大多数丹麦儿童学习骑自行车的年龄在 3 ~ 6 岁，而丹麦自行车联盟认为这一年龄段甚至可提前至 2 ~ 3 岁。进入学校后，学校进一步强调遵守交通法规等社会责任，一

(a) 丹麦的幼儿骑行教育

(b) 王储对自行车形象的推广作用

图 6-52　塑造自行车出行软环境 来源：denmark.dk（左），copenhagenize.com（右）

些社会团体也会为家长和孩子提供训练和辅导。

另一个打造自行车文化的重要维度是塑造骑自行车的乐趣与忠诚度。除上述宣传活动外，互联网与大数据也可以在其中扮演一定角色。例如，丹麦一些城市会安装自行车计数器，不仅可采集流量数据，也能激励骑行者的参与感，让人们了解城市自行车数量积少成多的过程。手机应用能提供天气预报、路程规划、热量测算，以及各种物质或非物质奖励，也能提升骑行的乐趣和忠诚度。

3. 长期的政治承诺

发展自行车文化是一项长期、稳定的政治承诺。哥本哈根从 20 世纪 70 年代开始复兴自行车，至今已经 40 多年（图 6-53）。最新的哥本哈根自行车发展战略承诺在未来 10 年间再接再厉，立志于 2025 年把哥本哈根打造成为“世界最好的自行车城市”。如此算来，整个复兴历程长达半个世纪。这一长达半个世纪的自行车复兴过程，需要针对自行车的推广形成稳定的保障机制，并保证其独立于政府的轮换。

（1）首先，政府对推广自行车的承诺，来自具有法定效力的战略，以及针对该战略成熟且长期的执行与监督机制。随着政府对自行车的投入不断增加，自 20 世纪 90 年代起，哥本哈根开始监测自行车发展的趋势。目前，哥本哈根监测的与自行车相关

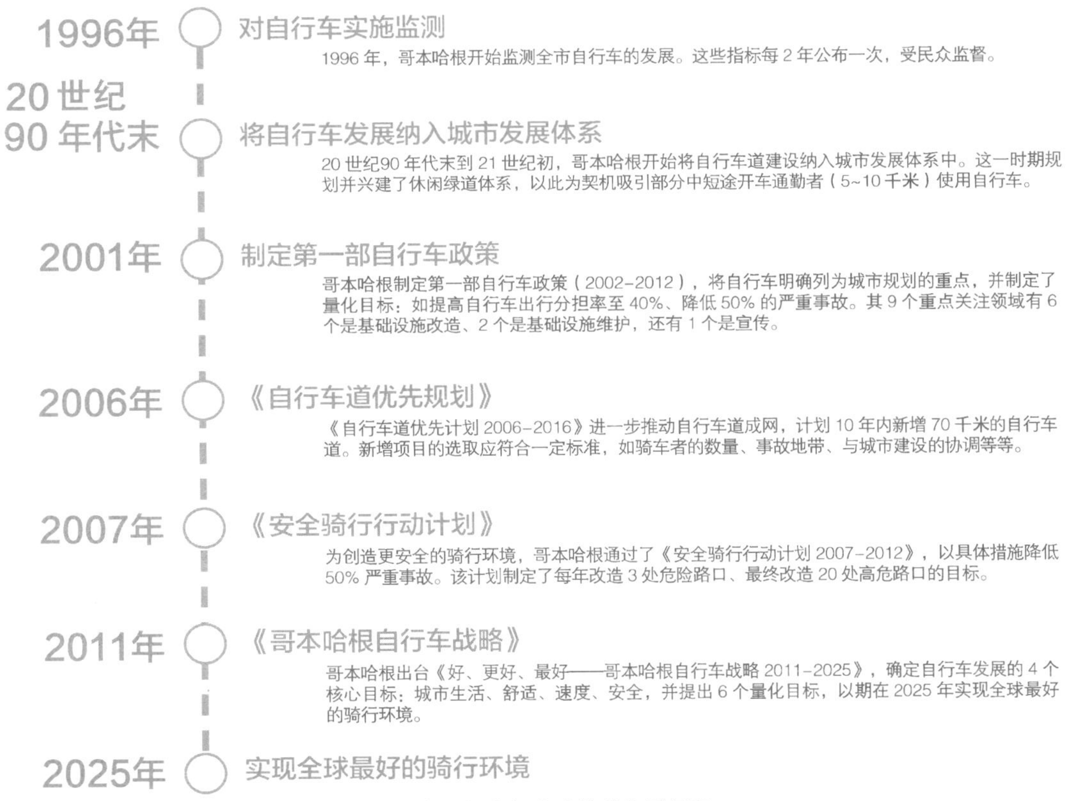

图 6-53　哥本哈根自行车政策的发展历程

的核心指标有 10 个，包括公共预算、自行车网络长度、自行车出行分担率、事故率、民意等。这些指标每 2 年公布一次，接受市民的公开监督。

（2）其次，精细化、有针对性的自行车政策的制定，也源自完善的数据统计机制与严谨的数据分析。在经过 20 世纪 90 年代的街道改造与非机动车道引入后，哥本哈根市区的自行车出行比例一度达到饱和。然而，政府部门根据居民出行调查数据分析得出（2010 年），自行车是中短途（2 ~ 10 千米）通勤的最佳方式，在哥本哈根，这类中短途出行群体中，仍有约 4.5 万居民驾车出行。如果这部分人与一些长距离通勤者放弃驾车，转为自行车，那么，自行车的分担率就有可能突破瓶颈，上升到 45%（CED, 2012）。因此，哥本哈根将中距离通勤的近郊居民作为重点吸引对象，增加连接近郊和市区的自行车专属快速通道与捷径。

（3）最后，跨部门协作与民间参与也是重要的制度基础。哥本哈根以市政府下属的技术与环境委员会牵头，协调交通、规划和环境等相关部门，既有专业的领导层架构，也具备有效的工作层面跨部门协调机制。此外，民间力量如丹麦自行车联盟、学校和教育机构、零售企业、旅游企业等都和政府建立合作，成为政府职能的有效补充。

6.3.4 专栏：上海政通路、军工路自行车道改造

政通路与军工路均位于上海市杨浦区。政通路改造路段从国定路到国宾路，长约 700 米，连接江湾体育场地铁站与复旦大学邯郸校区。政通路道路安全现状整体较好，单向双机动车道，单侧设有一条逆向非机动车道，路幅宽度为 9 米，人行道宽度 3 米以上。政通路两侧以学校、宾馆、住宅小区为主，从而产生较多的非机动车出行，如图 6-54 所示。

如图 6-55 所示，军工路改造路段位于上海市杨浦区，全长 3.7 千米，南北走向，北起翔殷路立交桥，经过上海理工大学军工路校区、上海海洋大学等校区、工业园区与居住用地。军工路位于中环高架路下，路面宽度为 40 ~ 45 米，多数路段的人行道宽度在 2 米以上。横断面分主路、辅路，主路为双向 4 车道，辅路为 2 车道，道路限速为 50 千米 / 小时。现场测速显示，平峰时段多数机动车通过学校段的速度为 40 ~ 60 千米 / 小时。局部路段以机非共板的形式设有不连续的非机动车道。军工路禁止非机动车行驶，然而周边校区和居民区产生了较多的非机动车及行人出行。并且，军工路重型车辆较多，给混行在车流中的自行车带来严重安全隐患。

政通路的改造可以为支路环境下慢行需求较大的城市道路改造提供借鉴。军工路作为城市主干道，利用有限的道路空间，在保障慢行交通安全的同时，为自行车创造了独立的空间。总结上海政通路、军工路的慢行道路安全改造过程，城市支路与主路

图 6-54　政通路区位示意图

图 6-55　军工路区位示意图

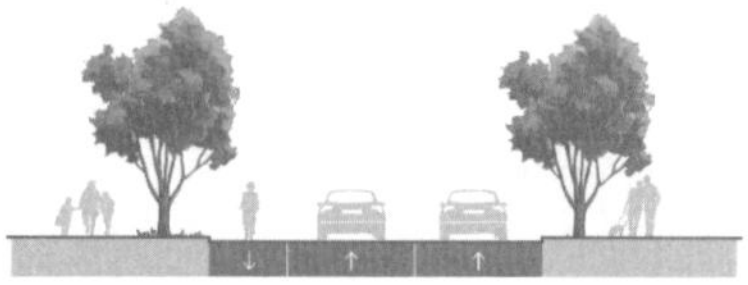

图 6-56　政通路改造前断面

环境的自行车设施的安全问题大致有以下几点。

在支路情况下，非机动车道的改造以政通路为例，主要注意下列问题。

1. 机非混行

由于政通路单侧设置了一条逆向非机动车道，且缺少隔离措施，自行车与逆向行驶的小汽车容易产生冲突，增加不安全感，如图 6-56 所示。由于政通路本身不承担太多车流量及人流量，因此建议压缩车道宽度至 3 米，在道路两侧都设置非机动车道并且安装绿化带作为物理隔离，将机动车流与自行车流分开。此举不仅大大提升了自行车安全，也通过压缩机动车道的方式降低机动车速度，提升行人过街安全，打造了高品质的慢行出行环境，改造后的情景如图 6-57 所示。

2. 机动车右转道与非机动车在路口交织的问题

在政通路与国宾路的路口处，政通路东段的右转机动车道位于非机动车道外侧，驾驶员不易理解，车辆容易在路口驻停，如图 6-58 所示。同时，此设计会产生机动车与非机动车的冲突点，对非机动车安全不利。建议将非机动车道设置在最外侧，防止机动车变道与直行非机动车的流线交织。

在城市主路环境下，增设自行车道以及提升安全性可以借鉴军工路改造过程中遇到的主要问题。

1. 自行车道保护问题

军工路改造前只有局部路段设非机动车道。当自行车在主干道与小汽车混行时，由于道路上没有采用画线与隔离的方式明确自行车路权（图 6-59），自行车往往会根据自己的意愿驶入军工路主路区域，与车速较高的小汽车流混行，一旦发生碰撞，可能会产生较严重伤亡。

图 6-57　政通路改造后的情景

图 6-58　政通路与国宾路的路口右转车道与自行车道产生交织

图 6-59　军工路部分路段缺失非机动车道

图 6-60　自行车设施在路口打断的情形（左），利用抬高出入口保障非机动车道和人行道的连续性（右）

因此，在机非混行的路段应保障非机动车车道有独立路权，并且在非机动车道与机动车道中间设置隔离。

2. 自行车过街安全问题

军工路两侧大量的建筑出入口会干扰自行车及步行环境的连续性。机动车出入——尤其是重型车辆出入——会对自行车及步行产生干扰。经过较大出入口时，非机动车道存在中断情形。在这种情况下，应在自行车穿过路口处设置引导线或彩色铺装，引导自行车正确过街，如图 6-60 所示。应在建筑出入口处确保步行和自行车的安全性和连续性，建议用引导线表示非机动车道的走向。

军工路的非机动车道采用了机非共板和人非共板两种形式，两种形式会出现切换，当非机动车道在路口处被打断，无引导标线标识前行方向，易导致骑车人过街后无法及时辨别非机动车道而驶入机动车道。应在自行车穿过路口处设置引导线或彩色铺装（图 6-61），引导自行车正确过街。

3. 自行车道在公交站点处的问题

在军工路上的公交站点处，现设计采用后绕式非机动车道，以减少与公交站点等

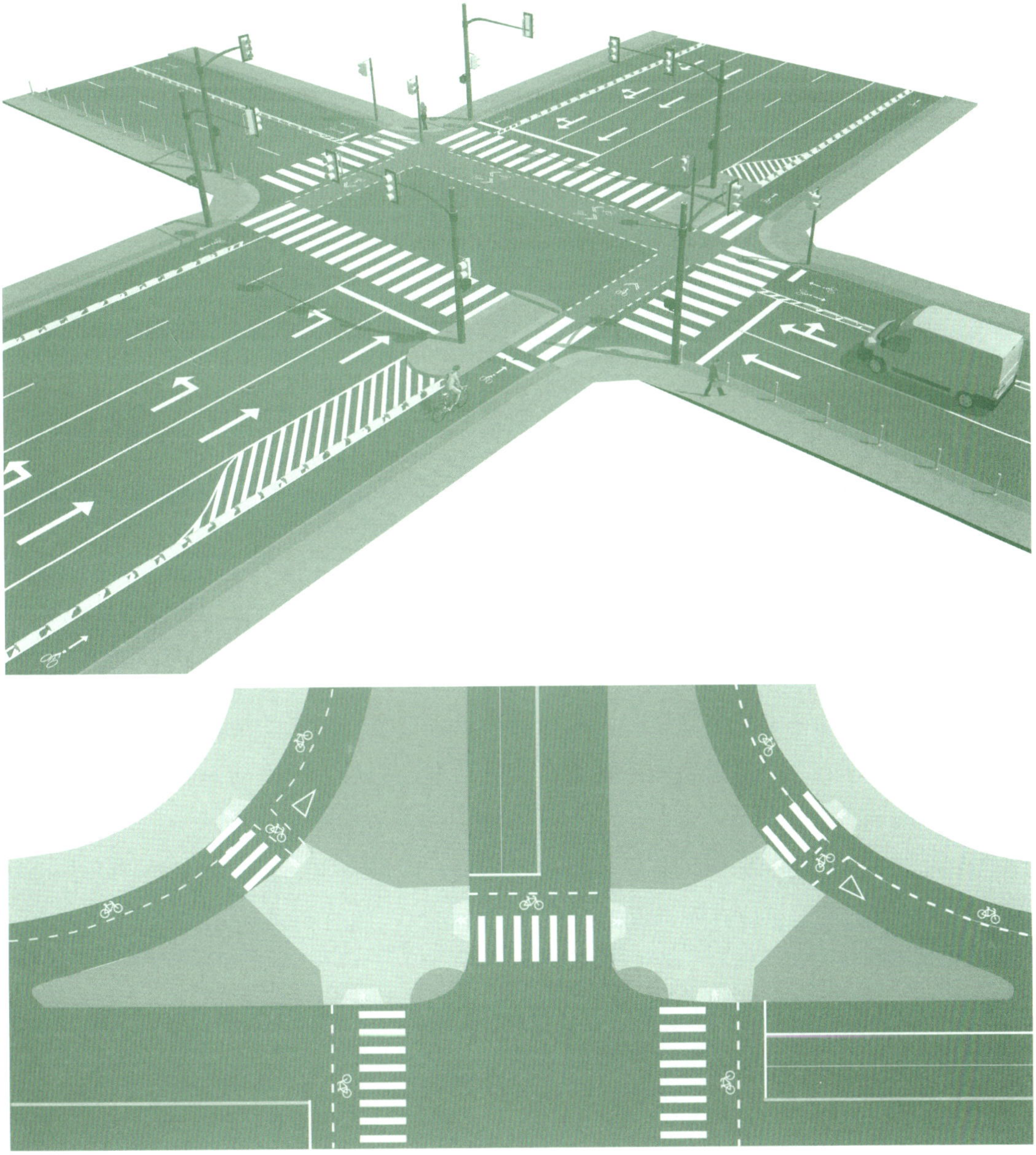

图 6-61　路口处的自行车道标线应保持连续

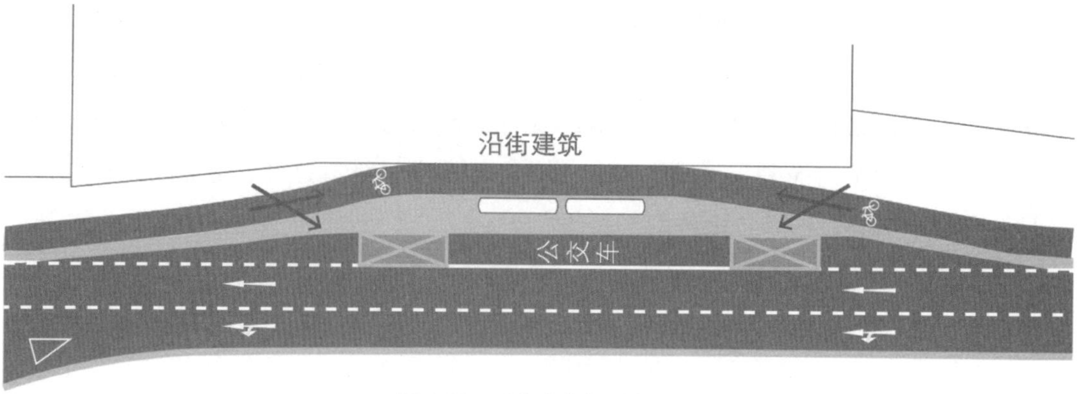

图 6-62　后绕式非机动车道

候行人的冲突，但这种设计会导致进出站乘客与非机动车的冲突，如图 6-62 所示。由于电动自行车也会使用非机动车道且车速较快，这个问题也值得注意。

因此，建议将此处非机动车道的材质做变化处理，可采用与人行道同样的材质（如铺砖），警示非机动车进入共享空间。但同时应采用阻车桩等措施，防止非机动车随意驶入步行区域。

4. 细节设计问题

军工路有多处自行车下人行道的情形，目前的缘石坡道设置没有与非机动车道契合，或非机动车道的坡道缺失。这会导致自行车与行人争用缘石坡道，或者因使用不便，自行车直接在路面骑行。应针对自行车道设置相应的坡道，方便其上下，并用标志标线明确自行车与步行空间，确保非机动车道不与行人的坡道设施冲突。

建议将非机动车道过街点处做精细化设计。应使非机动车道对齐缘石坡道的一侧，并占用一条连续、等宽的空间，减少自行车流线与行人流线的干扰。在非机动车道过街的前后段，可用彩色铺装提示，并施划自行车标志、让行线及让行标志、人行道标志等，并且非机动车道不要碾压、占用缘石坡道。在空间允许的情况下，可以考虑稍稍偏移非机动车道，或将缘石坡道设置在非机动车道之后，非机动车道做缓坡衔接，如图 6-63 所示。

非机动车道上缺少标识，易导致路权不明确，应每隔 30 ～ 50 米设置一处非机动车道标识，人行道上也应有人行道标识，以区分路权，如图 6-64 所示。

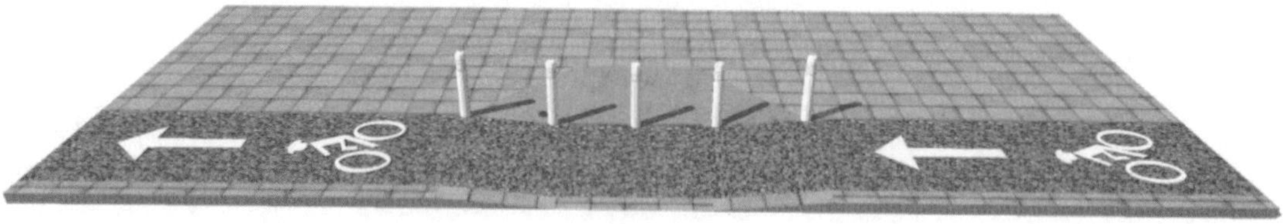

图 6-63　缘石坡道后置，非机动车道前置的情形

图 6-64　明确行人行道与非机动车道标识

5. 视线遮挡问题

一些出入口处的视线遮挡问题易产生冲突。在此处，机动车的左转弯等待区存在视线遮挡，无法看到左侧驶来的自行车，如图 6-65 所示。若机动车突然驶出，也会导致自行车反应时间不足。

图 6-65　出入口灌木遮挡机动车与非机动车之间的视线，易造成冲突

因此建议：

（1）修剪出入口的植被，尽可能使视线不被遮挡。

（2）在机动车与自行车等待处，均应安装警示标志。

（3）应将非机动车道用彩色铺装延伸，提示驾驶员前方有自行车经过。

（4）可以在非机动车道处安装自行车信号灯。

6.4　公共交通车站的安全可达

在国家政策的鼓励和地方城市的积极参与下，公交车及城市轨道交通等公共交通方式在我国城市中蓬勃兴起。我国城市的公交系统客运量较大，一些特大城市的客运量水平与世界级城市相当，其中，地面公交客运量占有重要地位。同时，在我国城市接驳公交系统的出行方式中，步行和自行车仍占有非常高的比例。以步行与自行车为主体的乘客群体在接驳及“最后一千米”通勤中的安全性会影响公交出行的吸引力、客运量和整体质量，应被视为公交出行的有机组成部分而受到关注。丹麦的相关研究证明，往返公交站点的通勤是公交出行过程中最为危险的环节，其发生交通事故死亡的可能性是乘坐公交的10倍以上。

6.4.1 常规公交站点安全问题

1. 公交站点布局问题

公交站点是城市公共交通的基础设施，公交车、非机动车、行人等道路使用者在此交会，大量交通流的混行不但降低了道路的通行能力，而且存在多个交通冲突点，不可避免地存在交通安全隐患。在布设公交站点的时候，应结合实际交通流及道路设施等因素，将公交站点布设于便于乘客使用的地方，并且保障其他道路使用者的安全。

宏观层面，在确定了公交线路和站点选址后，微观层面的公交站点设置通常分三类：交叉口进口道、交叉口出口道及路段处，具体如图6-66所示。公交站点在交叉口布设的详细位置会对道路使用者的交织产生不同影响，在管理路口公交站点时，宜多方面考虑影响因素，从而提高公共交通的吸引力以及安全性。按《城市道路交叉口规划规范》（GB50647—2011）要求，“平面交叉口常规公共汽（电）车停靠站宜布置在交叉口出口道，并应与出口道进行一体化展宽，且应靠近交叉口人行横道。常规公共汽（电）车停靠站的布置不应造成公交停靠排队溢出。右转线路的公共汽（电）车停靠站可布设在交叉口进口道”。

（1）当公交站点布设在交叉口进口道时，公交车往往受交叉口信号灯和进口道机动车排队长度的影响。此布局优点是可以充分利用交叉口的过街设施，换乘其他方向便捷，公交站点的位置可以缩短交叉口停靠站的减速距离，并且可以利用交叉口的红

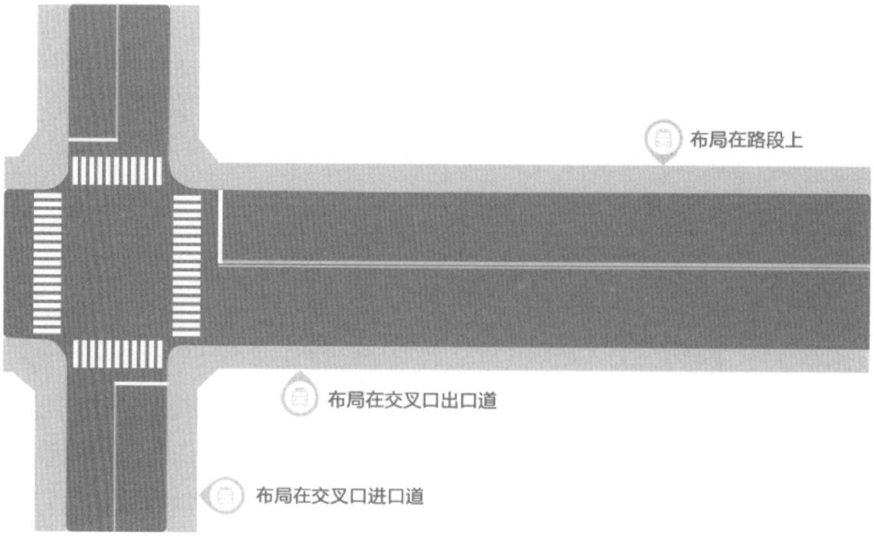

图6-66 公交站点的设置

灯时间上下客。然而，当公交车停靠站时，交叉口进口道通行能力可能会降低，从而造成道路拥堵。并且，对于行人而言，行人从停靠公交车的前面穿越交叉口时，过街容易受到停靠公交车的影响，缺乏安全视距。

（2）当公交站点布设在交叉口出口道时，行人过街时可以从车辆后方穿越交叉口，视距不会受到影响，可以较好地保障行人安全过街。对运营车辆而言，出口道公交站点能将交叉口视距问题最小化。在某些交叉口进口道承载较大交通流量时，公交停靠站占用外侧车道则会更加削弱路口通行能力，造成车辆排队及交通拥堵。总体而言，从公交车延误、对交叉口影响以及交通安全来讲，出口道公交站点优于进口道公交站点。

（3）当公交站点布设在路中段时，公交车进出站可以避免交叉口处视距短和变道等问题。这种布设方式的缺点是，此处行人过街需要单独的过街设施，如果附近缺少过街设施，行人就需要绕行较远距离，或选择在无保护情况下就近过街，容易与机动车发生冲突，安全风险较高。还有一些公交站点，由于过街设施位置设置不合理或缺乏引导标识，导致过街设施本身缺乏保护功能，存在较大安全隐患。尤其是在路幅较宽的城市干路，机动车车速快，行人过街时长较长，如果过街设施设置不合理，无法保护乘客安全过街。

公交站点附近的过街方式应优先选择平面过街，包括路段平面过街和交叉口平面过街。行人流线和机动车、非机动车流线冲突的地点，可以通过设置人行横道，确保行人路权。

2. 公交站点空间不足

由于道路本身设计或施工的原因，一些公交站点连接的人行道过窄或缺失，公交站点缺乏安全的候车区域，乘客候车排队至车行道上，或行人被迫在车行道上行走，容易造成人车冲突。

连接公交站点的人行道需要有充分的行走空间和缓冲空间，给候车人群带来安全感。《城市道路工程设计规范》（CJJ37—2012）规定各级道路的人行道最小宽度为2米。行人和非机动车混行时，两者之间速度的差异可能会导致安全问题。因此，建议应尽量独立设置人行道并保障通行宽度，与非机动车道形成高差，最好颜色也做适当区分，充分保障行人安全。

在此基础上，人行道的高度不宜因为周边建筑道路接入而变得频繁起伏。周边建筑道路接入的方式要与行人需求结合。与住宅小区、商业街区的人行道面临的环境不同。连接公交站点的人行道所在道路上会有更高速的车辆，也会有货车、大客车开过。因此，建议为主干道、次干道的人行道设置缓冲带，这会给行人带来良好的体验，提高人们乘坐公交车的意愿。

公交停靠站宽度应参照国家标准或地方标准，保障候车区空间。当路侧宽度不足时，公交停靠站宜与人行道进行一体化设计，可通过采用小尺度或反向式公交候车亭，减小候车亭对于人行道空间的占用，同时施划能够标示出空间的标线，尽量减少候车亭对人流的干扰，如图 6-67 和图 6-68 所示。

图 6-67　东京市反向公交站点的设计，占据较少的人行道空间，减少候车亭对步行流线的影响
来源：Miku Shigematsu

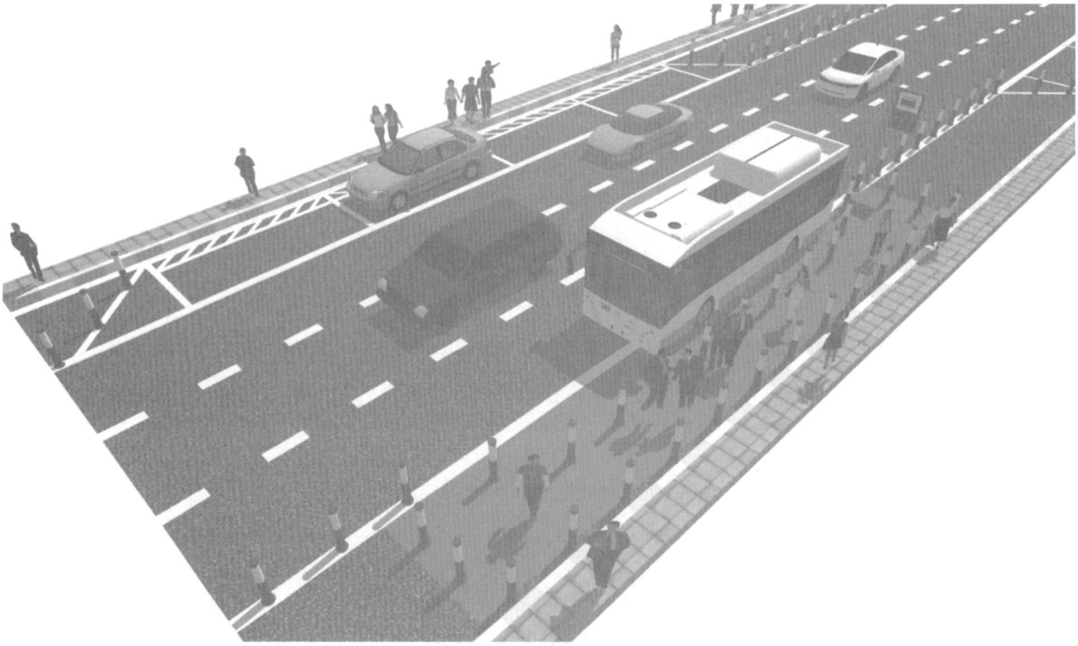

图 6-68　在混行道路上点处人行道空间严重不足时，使用安装护栏与划线的形式设置公交站点台，保障乘客安全候车

3. 路侧停车问题

公交车停靠区域被路边停车占用时，公交车在机动车道上停靠，有可能会与社会车辆擦碰。同时，路边停车遮挡上下车乘客视线，乘客上下公交车不能提前识别道路交通状况，安全风险较高。公交站点处路边停车对出行安全的影响来自两个方面：一是路边停车占用公交车停靠空间或非机动车通行空间，可能会导致车辆擦碰；二是路边停车阻挡了公交车驾驶员视线，不利于观察乘客上下车，可能会引发安全风险。

路边机动车停车主要有两种形式：紧邻路缘石设置路边停车与紧邻车道设置路边停车。

在城市次干路或支路上，路边停车泊位常常紧邻路缘石设置。建议考虑以下几点。

（1）设置停车泊位后，非机动车道宽度仍应满足标准要求。

（2）去除公交停靠区域前后路边停车泊位，减少车辆擦碰风险。

（3）宜在交叉口停车视距范围内设置路边停车位。

对于非机动车流量较大的道路，机动车停车带有时会设置在非机动车道左侧，形成机动车道与非机动车道之间的隔离带，增强非机动车通行的安全性和连续性。但是，这种停车方式若设置在公交站点附近，则会与进出公交站点需要穿越非机动车道的公交车产生冲突。因此，紧邻车道设置路边停车时应考虑以下几点。

（1）去除公交车停靠区域前后的路边停车位，减少车辆擦碰风险。

（2）停车位左侧可以预留一定空间，作为机动车通行与路边停车的缓冲区。

（3）停车位右侧与非机动车道之间可设置隔离带，防止机动车停车占用非机动车道。

（4）尽量保证公交站点处非机动车通行宽度。

自行车作为接驳“最后一千米”的主要交通工具，往往被用作公交站点与出行目的地之间的出行手段。自行车在公交站点周边的人行道或车行道上的无秩序停放，易妨碍行动不方便的乘客上下车、迫使行人在路面上行走、遮挡机动车视线等，会增加乘客使用公交系统进行“最后一千米”接驳的安全隐患。建议对公交停靠站周边自行车的停放进行有效管理。

公交停靠站周边的自行车停放应考虑以下几点。

（1）自行车停放设施不宜妨碍公交车乘客集散及路段行人正常通行。

（2）自行车停放设施尽量与路侧设施进行一体化设计，设立明确标志，不宜影响步行空间。

（3）宜明确自行车禁止停放区域，包括车行道、消防通道、盲道和人行横道两端等影响行人和车辆通行的区域。

4. 公交站点附近的机非冲突

公交站点不论设置在人行道上或机非隔离带上，都会导致不同道路使用者与自行车在站台附近发生干扰及冲突。因此，公交站点也应重视非机动车道的安全设计。

既有城市道路空间条件充足的，公交站点处的非机动车道宜采用岛式或外绕公交站点的模式。因外绕占用人行道的，人行道剩余宽度应符合相关规定，且应能够补种行道树；否则，不应采用外绕模式。空间条件不足，无法采用非机动车道外绕的公交站点，应在相邻的机动车道内施划黄色网格线，避免非公交车辆排队占用，阻碍自行车借道通行。同时，可以采用下列设计方式减少流线交织的发生：

（1）通过非标准的“浅港湾”为非机动车提供通行空间，如图 6-69 所示。

（2）非机动车道宽度足够时，通过地面喷涂明确非机动车的通行空间。

另外，靠近公交站点的路边停车对公交车进出与视距产生较大影响，宜在行道与

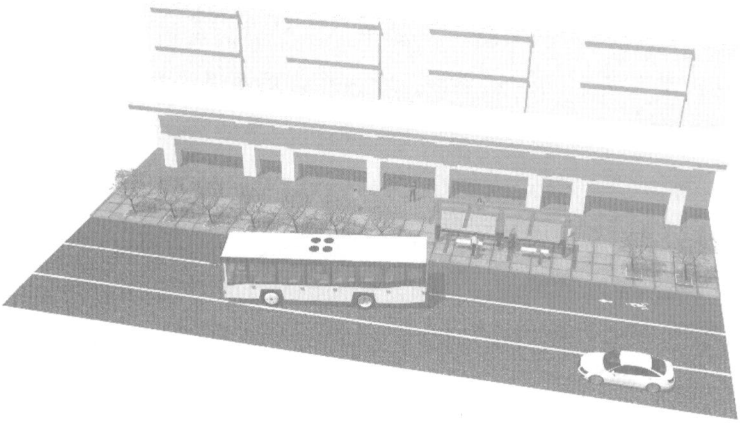

(a) 直线式公交站点

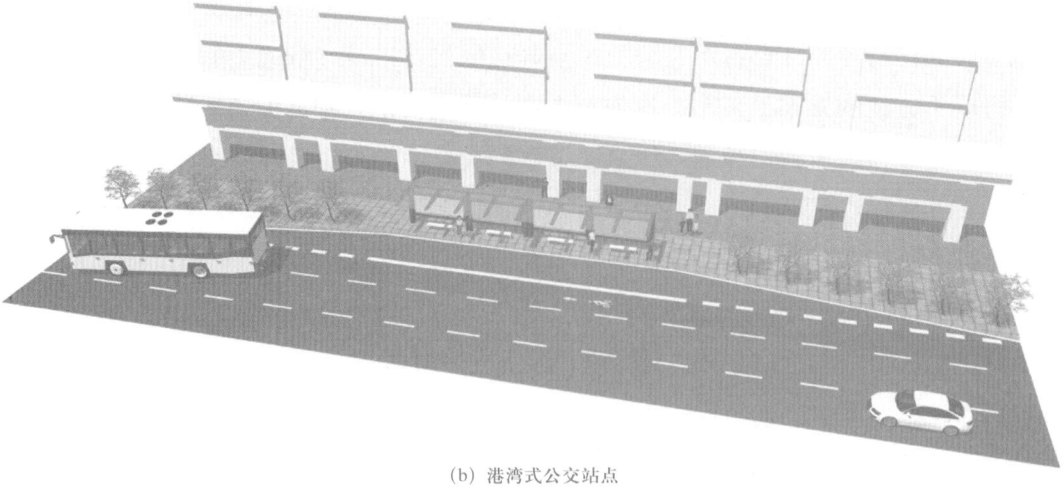

(b) 港湾式公交站点

图 6-69　设置于路侧人行道上的“直线式”与“港湾式”公交站点

进车引道相邻部分施划禁止临时停车黄色网格线，确保公交车顺利进出。

第二种情况是公交站点设置在机非隔离带上，可以使非机动车道避免在公交站点路段交织而产生冲突，更好地保护骑车者的安全，如图 6-70 所示。然而，此种站台需要乘客跨越非机动车道由人行道到达车站，在行人穿越非机动车道时，易产生非机动车与行人的冲突。建议设置行人安全到达站台的保护措施，如增加行人过街标识、非机动车道使用不同颜色铺面、安装减速垫等，兼顾骑行者与行人的安全需求。

另外，在非机动车流量较大时，公交车停靠易与非机动车产生较大冲突，公交停靠站处非机动车道可考虑采用外绕的方式，设置港湾式公交停靠站，如图 6-71 所示。当道路空间足够时，可以将公交站点设置在非机动车左侧，不打断非机动车道的连续性。此种设计占用人行道空间较多，但对机动车和自行车运行影响小。此外，公交进出与机动车冲突较大的港湾式停靠站，可以在行道与进车引道相邻部分施划禁止临时停车黄色网格线，确保公交车顺利进出。

常规公交系统的道路安全问题和道路安全改善建议分别如图 6-72 和图 6-73 所示。

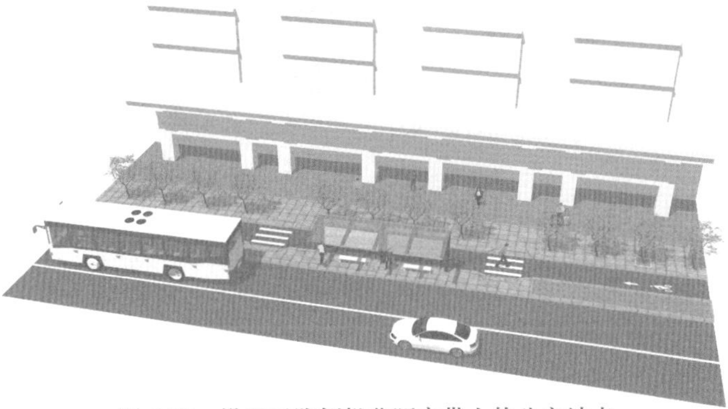

图 6-70　设置于路侧机非隔离带上的公交站点

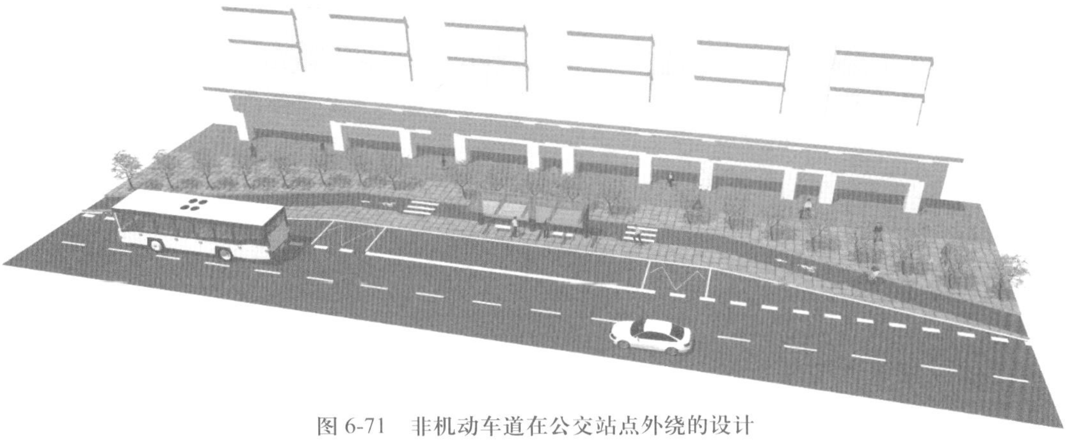

图 6-71　非机动车道在公交站点外绕的设计

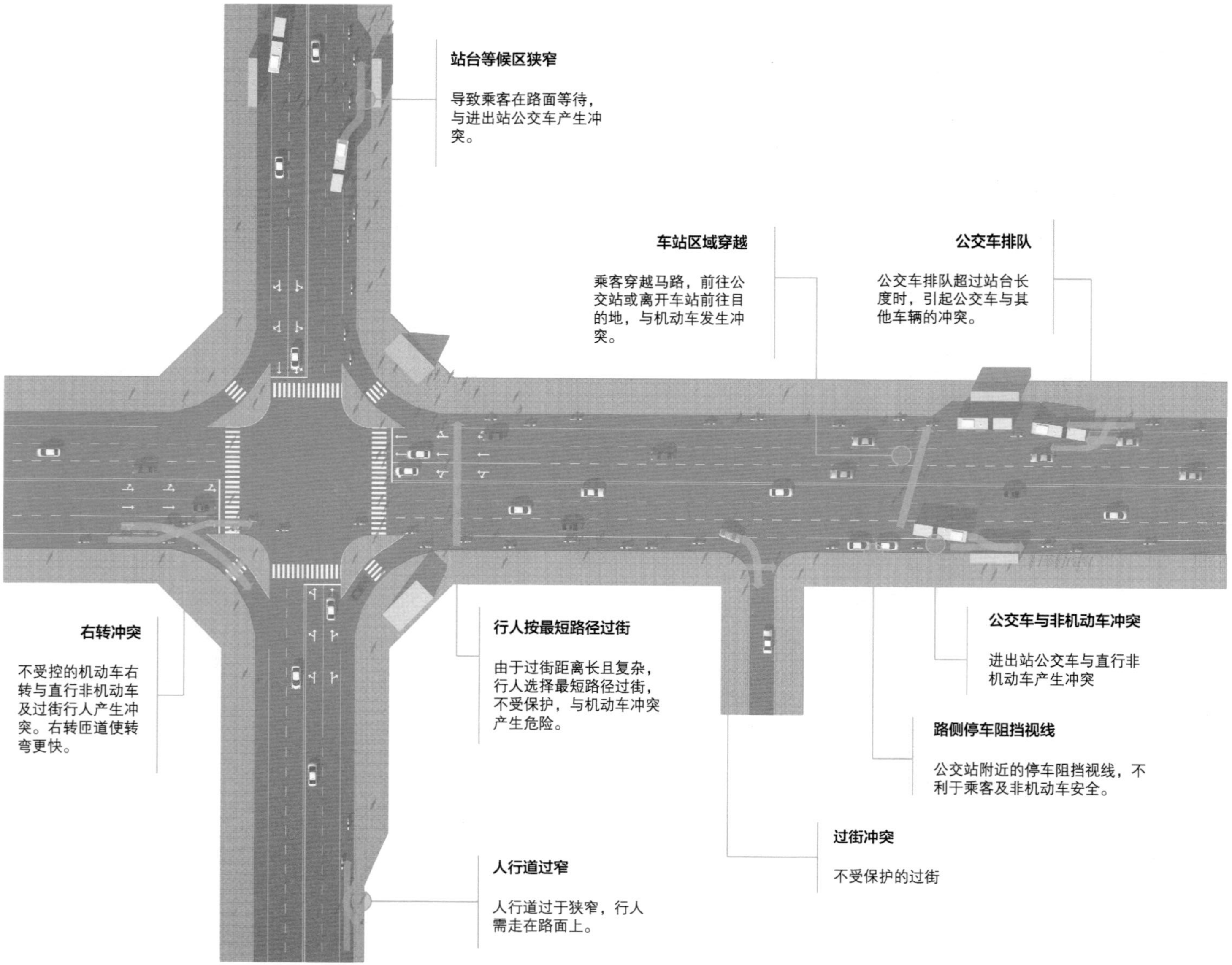

图 6-72　常规公交系统的道路安全问题

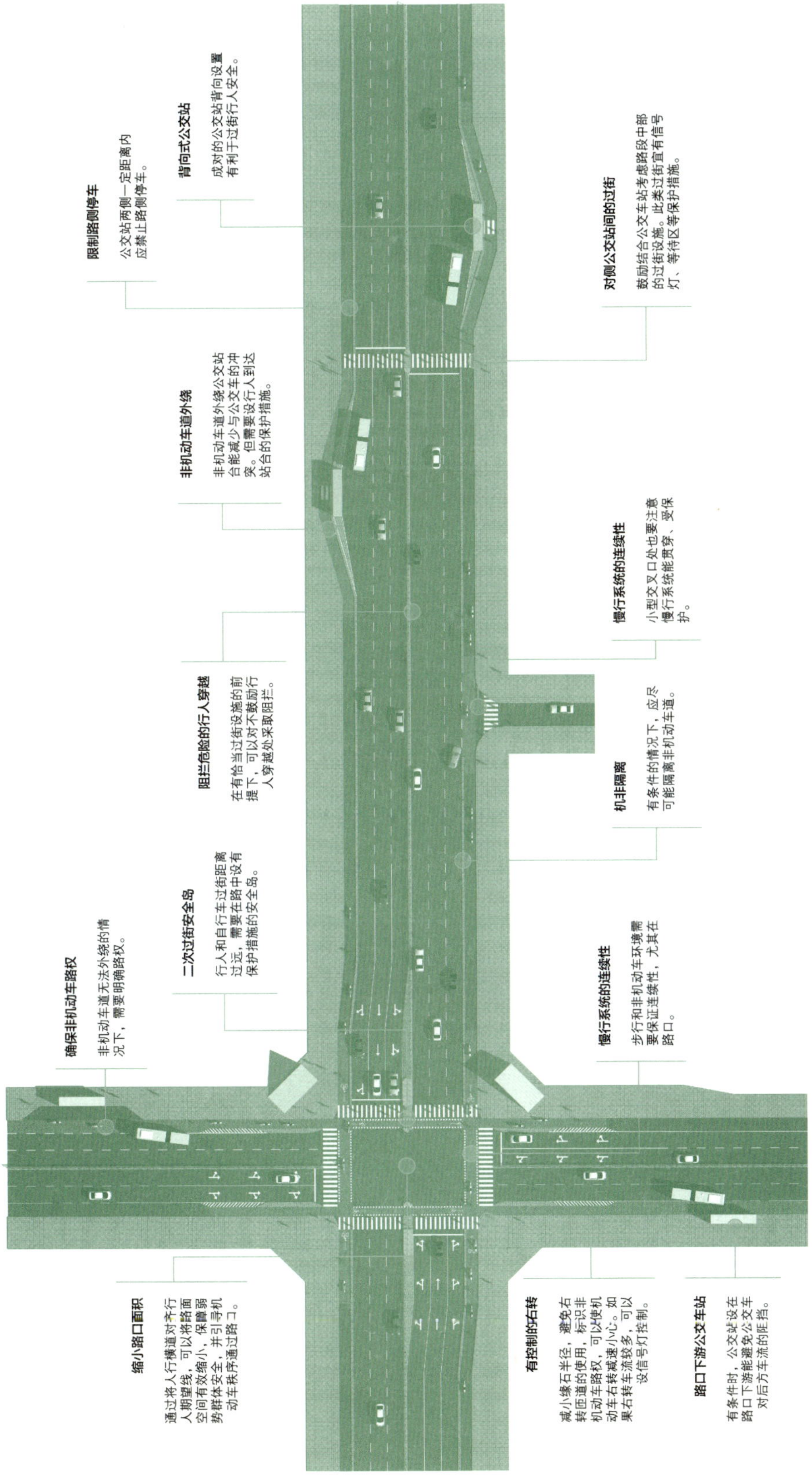

图 6-73　常规公交系统的道路安全改善建议

应用

6.4.2 公交优先系统的安全问题

在发展中国家的城市中，相比轨道交通系统而言，快速公交（BRT）及其他公交优先系统具有成本低、建设周期短的优势，因此成为中小城市打造城市大运量可持续交通系统的有效手段。与常规公交一样，城市接驳公交优先系统的出行方式中，步行和自行车仍占有非常高的比例，并且系统的载客量要大于常规公交系统。因此，公交优先系统中“最后一千米”的安全问题更应受到重视。

影响公交走廊安全性的因素来自多方面，比如公交走廊道路的宽度、交叉口的规模和复杂程度，以及公交专用道的位置。《公交优先系统中的道路安全报告》得出的结论是：公交优先系统导致的安全性能提升并不是选择公交制式本身产生的，而是伴随着公交建设的道路安全改造而带来的，主要措施包括去除混行车道、增设中央隔离带、路口优化、禁止左转等。以下总结了在公交系统设计与实施阶段常出现的安全问题。

1. 公交站点的安全可达性

完善的步行设施对于公交优先走廊安全提升有十分重要的作用。城市道路中往往出现人行道不连续、缺失、空间不足或被其他障碍侵占等问题，容易导致行人行走在不受保护的道路环境下，增加安全隐患。路侧人行道应保障安全的通行空间和视距，如通过清理人行道上的停车或其他障碍、拓展路侧人行道、明确划分人行道的各部分功能区域，以及提供进出车站的行人通道等办法，为行人提供安全的步行空间。

2. 公交专用道的隔离

延续性较好的快速公交走廊一般会隔离封闭，相对独立，以保持车辆行驶速度与运营效率，而普通的公交专用道是开放式的，通过标线和标志进行明确。公交车辆在专用道内行驶时，其他社会车辆禁止进入，否则会影响系统的运营效率，造成混乱甚至发生碰撞。为避免其他车辆驶入或穿越快速公交专用道，可以考虑设置物理隔离或明确的标志标线，并结合交通管理部门，将公交专用道与其他车道完全隔开，防止其他车辆进入，也防止行人在无隔离处随意穿越道路。

3. 立体过街衔接站点

居于路中的快速公交站点在不便提供平面过街时，可以设置过街天桥，提供进站、换乘及立体过街服务。然而过街天桥的设计存在两个主要问题：一是过街天桥一般不会针对残疾人或骑自行车和推婴儿车的行人提供完善的无障碍设施；二是过街天桥的上下行导致行人使用不便。因此，建议过街天桥配置升降电梯或采用较缓的台阶和坡道，满足无障碍通行。

快速公交站点宜优先采用平面过街衔接，公交站点的设置应靠近且尽量依托已有过街设施并结合现有路口改造进行。对某些车站而言，小规模移动车站位置能够很大程度上提高车站的行人通达性，如使车站更靠近交叉口、更安全的人行横道或主要行人走廊等。多数情况下，从两侧进入站台的设计能够使行人既可以通过天桥，又可以通过信号控制交叉口进入车站。该设计能够方便残疾人利用无障碍过街天桥进入车站。

在车流量、进出站人流量都较大的公交站点，可采用立体过街方式，并有以下建议。

（1）过街天桥宜配置自动扶梯 / 电梯，为所有人群提供便捷、安全的通行服务。

（2）已建成的过街天桥也可以考虑加装可折叠的电梯座椅，但这种方式的弊端在于移动速度较慢，也不能为婴儿车及自行车提供无障碍服务。

（3）过街天桥的台阶踏步应符合规范要求，保证行人安全使用。通常过街天桥的阶梯坡度比较大，在路中段设置的天桥可以将台阶改成坡道，供更多人使用，坡道坡度应适当放缓。

（4）考虑在过街天桥的设计中增设自行车坡道或者自行车专用轨道（图 6-74），以便骑车者使用天桥。此外，过街天桥的台阶应及时维护，确保正常使用。

（5）靠近行车道的过街天桥出入口处宜设置防撞护栏，保障使用者安全。

图 6-74　天桥上设置的自行车专用轨道
来源：search.creativecommons.org

4. BRT 路中式公交站点附近的行人穿越问题

对于路中式公交优先站台，由于站台设在道路中央，避免了公交车进出站台时与非机动车的交织冲突。然而乘客在进站和出站时必须穿越机动车道才可到达或离开站台，这会造成大量潜在的违章穿越人群。部分行人出于各种原因，选择在没有过街设施处穿过马路，与车辆产生冲突，这种情况在公交站点附近更为普遍。为避免此类冲突，提升公交走廊的安全性，公交站点的可达性应被优化提升，并提供更好的行人过街设施。

因此，建议在车站工作区设置隔离。隔离宜安装在公交站点两侧，保证其安装延伸至车站工作区范围，防止行人随意穿行，并引导行人在设有安全过街设施处过街。若采用护栏的形式，也可以在整条走廊沿线设立围栏。建议按照一定的间距设置行人过街设施，为行人提供安全的过街途径。

5. 交叉口和信号控制方案

公交优先走廊中的交叉口通常较大且交通组织较为复杂，但很多交叉口存在车道不平衡、缺少行人安全岛、转弯半径过大以及转弯专用道车速较高的问题。合理的设计与引导标线可以有效地简化交叉口的复杂程度。基于该目的，宜明确施划 BRT 专用道的车道标线，并采用较小的转弯半径降低车速，同时取消专用转弯车道或采用相关的减速措施。可通过取消车道或拓展路缘的方式实现车道平衡。

在 BRT 或其他公交走廊上应为公交车辆单独设置交通信号灯，区别于其他社会车辆。为保障公交优先系统的效率，多数路口会评估走廊上左转车辆的车流，考虑禁止左转。一些路口由于左转车流较大或街区过长，社会车辆绕行不便，而保留路口的左转功能。这种情况下，需要为左转车辆留出单独的信号灯时段和左转专用道。左转功能为公交运营效率带来的具体影响取决于交通信号灯的时长及左转道口的数量。如果仅在交叉路口的一条道路上开放左转功能，那么路口的通行能力不会受到影响。然而，如果在主路及横向岔路上均开放左转功能，并为其设置单独的信号灯时段，那么其所处的交叉路口的通行能力就会大受影响，成为影响整个系统效率的瓶颈。是否允许左转不仅关系到安全问题，还影响着公交系统的运营效率。取消左转功能后，公交走廊的安全性将得到提升，且交通信号灯也会更为简洁，进而提升公交走廊的通行能力。

6. 接驳换乘的安全问题

通常情况下，在设计阶段应考虑接驳换乘和“最后一千米”模式，包括换乘点、落客区和接驳等。除了运营因素以外，还要考虑安全因素。保证最基本的转运客流量是关键。无须穿越任何道路的接驳是最理想的情况。对于多个公交站点而言，应考虑移除或重新使用现有的公交站点，用于换乘公交车或与其他交通方式的接驳，但需要提供安全的过街设施和行人通达条件。在公交线路与 BRT 线路不共面时，可考虑无障碍的立体换乘设施。

6.4.3 专栏：胡志明市快速公交（BRT）安全改善案例

为提升城市客运走廊运力，缓解城市排放问题，胡志明市决定建设城市快速公交走廊。走廊沿着武文杰路—梅志寿路走廊（Vo Van Kiet – Mai Chi Tho corridor），全长 23 千米，沿线设置 28 个站点（含首末站），西起安乐环岛（An Lac roundabout），沿武文杰路向东北，途径市中心，至日哲体育中心（Rach Chiec）终点站，图 6-75 展示了胡志明市 BRT 走廊和站点的分布。走廊与站点的安全设计对减少整条道路的交通事故与伤亡有很大意义，尤其是胡志明市 BRT 走廊贯穿整个市区，经过人流密度较大的城中心，也在市郊环境布设站点，具有一定的多样性。另外，胡志明市整体道路交通设施不太完备，因此对许多发展中国家城市的公交优先系统建设与设计，尤其是提升道路安全方面有较高的借鉴价值。

1.BRT 站点的安全可达性

在胡志明市的城市道路中，停放的摩托车、摊位和商店仓库等常常阻断路侧人行道，即便是在人口密集区域的主要通路上，这种情况也随处可见。为保障行人安全使用路侧空间，建议对路侧人行道进行清理，保障安全的通行空间和视距，如通过提供其他

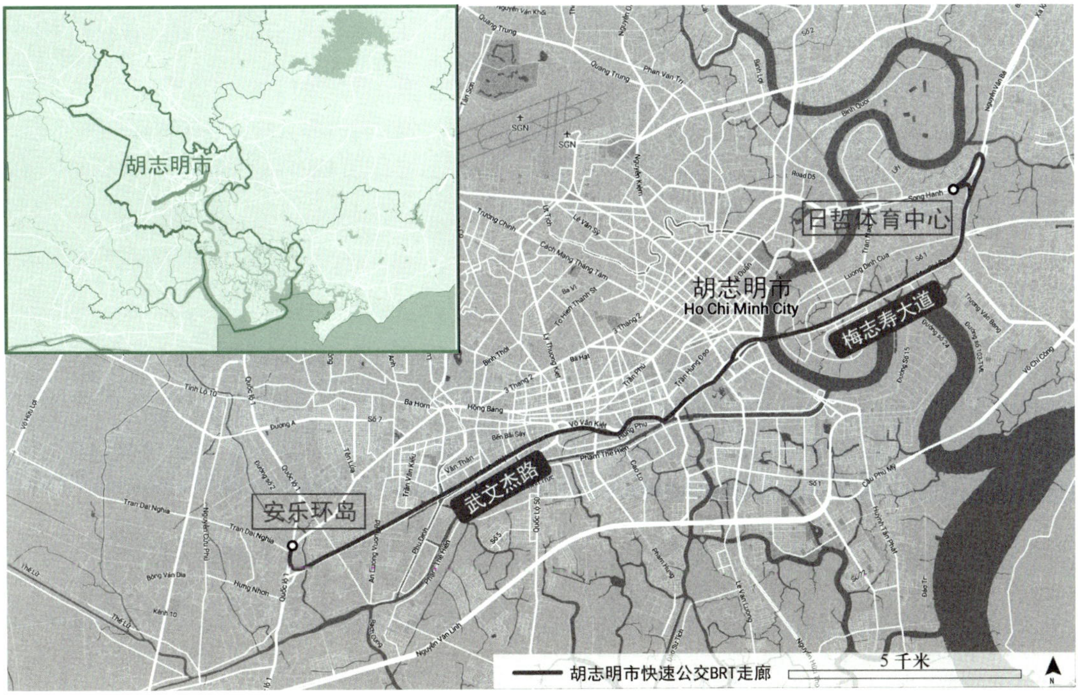

图 6-75　胡志明市 BRT 走廊与站点分布图

图 6-76　通往 BRT 站点的联系道路上步行空间占道现象严重

的停车区域、拓展路侧人行道、明确划分人行道的各部分功能区域，以及提供进出车站的行人通道等办法，为行人提供安全的步行空间。多数情况下，这些改进措施需要一定空间，并且需要通过设计对空间进行合理分配。

问题 1：在 BRT 走廊上的步行空间与设施

在胡志明市 BRT 设计过程中，BRT 客流走廊两侧的步行道大多有足够空间，但是在繁忙路段上，两侧街道的商业活动、占道停车、废弃物堆放等占据人行道，迫使行人走在机动车道上，与机动车混行，带来巨大安全隐患，如图 6-76 所示。

应结合交通流量的考虑，适当拓宽人行道的宽度，并对人行道上的摩托车停车空间进行限定和管理，如采用图 6-77 的方式隔离或抬高步行空间。首先，在交通流允许的情况下，可考虑拓宽人行道，保障行人有足够使用空间，同时使机动车道变窄，以便降低车速并缩短过街距离。摩托车停车空间应予以明确界定，可施划摩托车停车区，

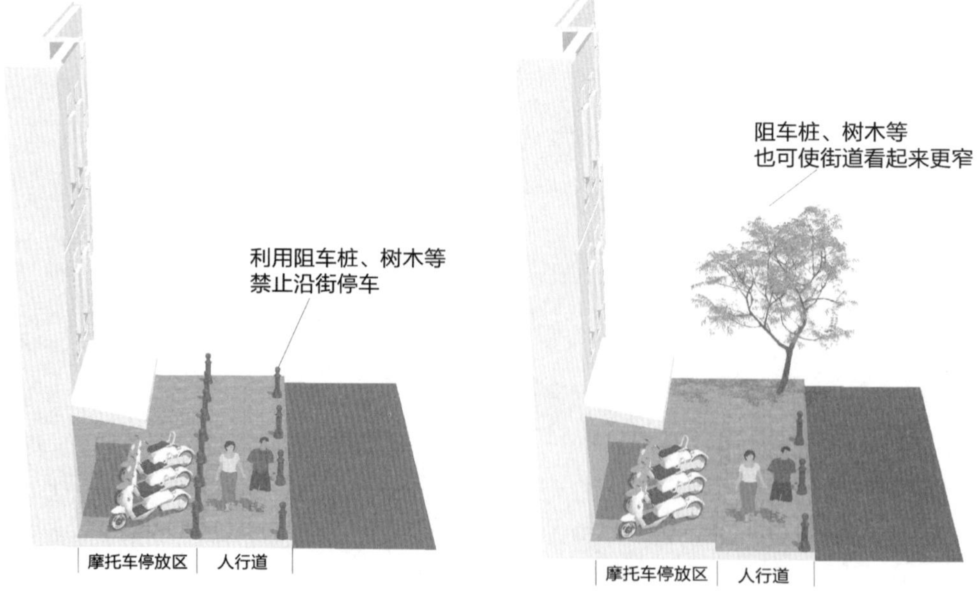

图 6-77　利用隔离或抬高步行空间的方式保障步行空间

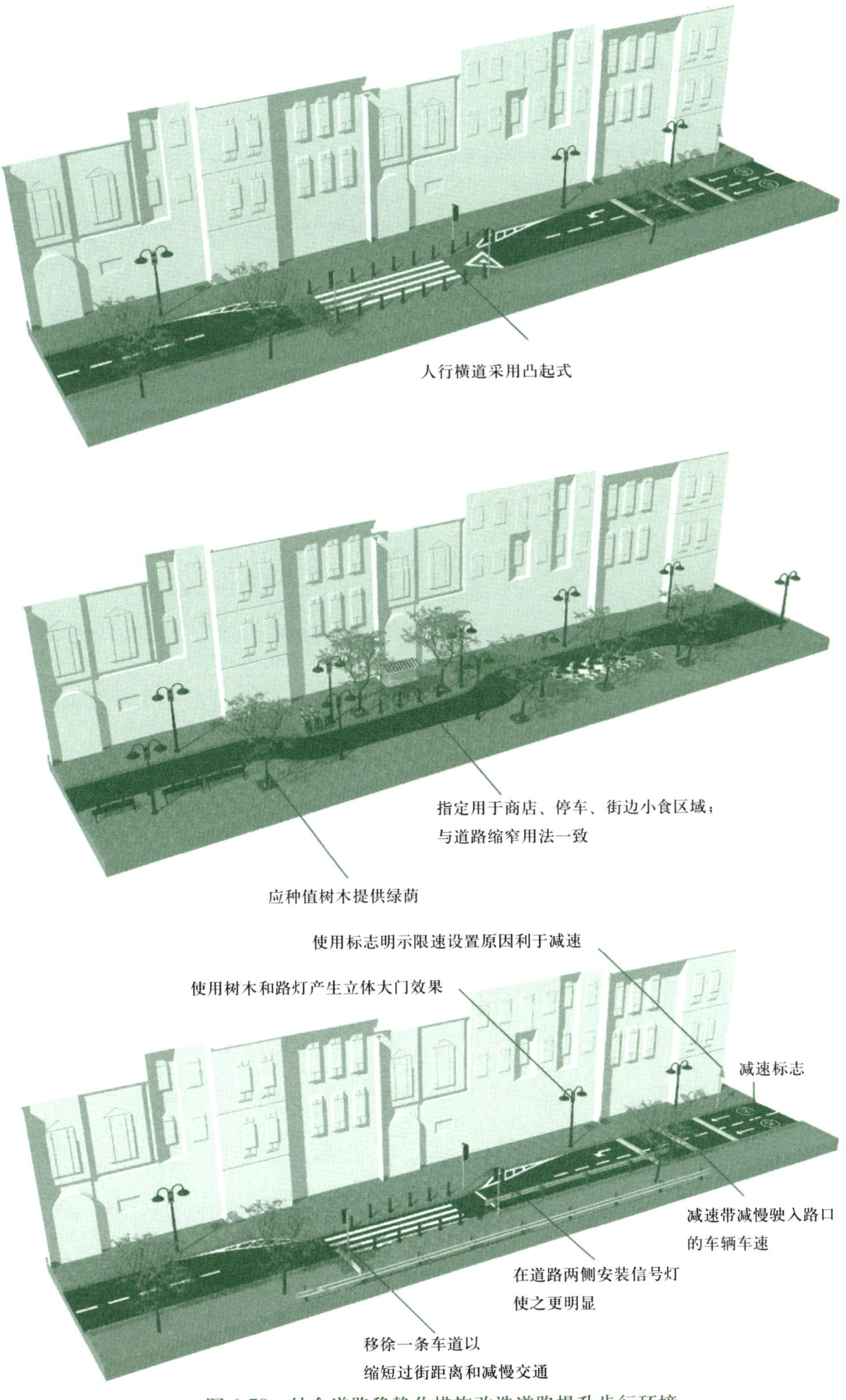

图 6-78　结合道路稳静化措施改造道路提升步行环境

图 6-79　连接 BRT 走廊支路步行条件需要完善

并确保行人通行空间。也可以结合交通稳静化措施，如曲折式行车道、拓宽路缘及凸起式人行横道，降低车速，如图 6-78 所示。

问题 2：连接 BRT 走廊支路的步行空间与设施

连接快速公交走廊的支路网为主干道及周围用地提供了重要的联系，为走廊输送大量的客流。因此，对于图 6-79 所示的相似情况，应完善 BRT 走廊支路上的步行交通系统，优先保障其路权，有效提升 BRT 系统“最后一千米”的安全可达性。

支路也同时存在人行道空间不足或被侵占等问题。在繁忙的市区路段，支路人行道步行空间常被两侧街道的商业活动、非机动车停车等占据，行人使用不便且易发生危险。然而，对连接走廊所有支路网的步行空间进行大规模清理整顿难度较高，应基于步行流量、有无学校和医院等公共设施等因素，选择指定的支路进行优先改造，如图 6-80 所示。

一些支路的路幅较宽，应考虑对已有人行道进行加宽，并结合交通稳静措施，如曲折式行车道、设置隔离、扩展人行道等方式，降低支路车速，为行人在路侧行走与过街提供安全的交通环境。一些支路的路幅较窄，在允许的情况下，可以改造成单行道，

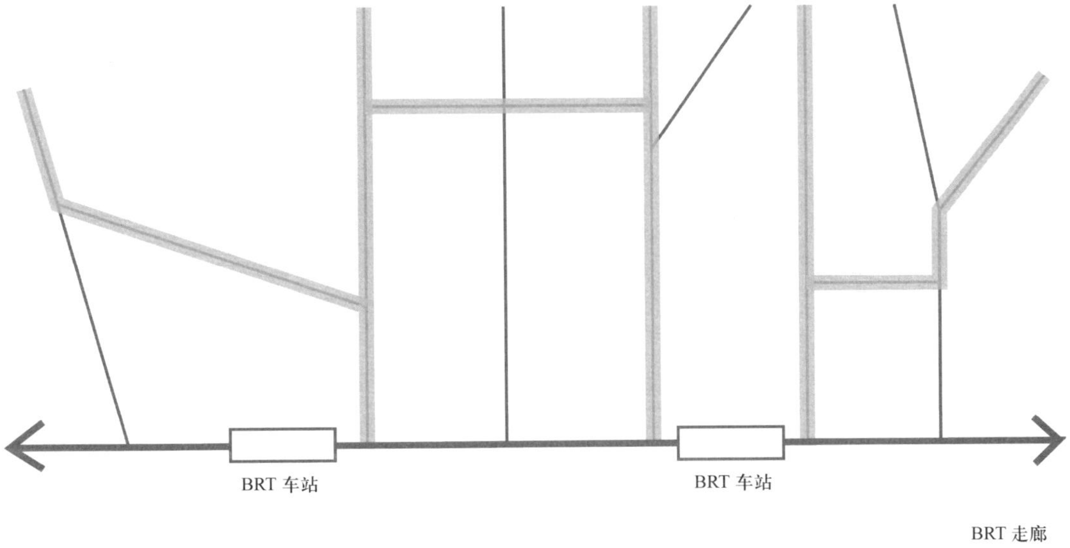

图 6-80　针对 BRT 走廊选择指定的支路进行优先改造

增加道路两侧的步行空间。为保障步行空间的独立，人行道应尽量使用抬高的形式，或以划线或隔离的形式进行明确，防止步行空间被侵占。

2. 行人护栏隔离

快速公交车辆与穿越快速公交专用道进出公交站点行人的发生碰撞是常见的事故类型。胡志明市主干路上时常发生行人穿越车道，在无过街设施处过街的现象，如图 6-81 所示。因此，行人过街点和车站周围区应设置行人护栏或围栏。

胡志明市 BRT 采用中央岛式站台，两侧的隔离栏过短，行人可能穿越主干道至道路中央的站台乘车，此行为存在较大安全隐患。因此，护栏应安装在站点两侧，保证其安装延伸至车站区范围，即以站点出口为中心 150 ~ 250 米范围，并引导行人在设有安全过街设施处过街，杜绝行人穿越的可能性。同样，在离路口较远、采用过街天桥过街的站点，站台的隔离栏应保证行人无法由路中站台穿越车行道至路两侧。

必须按照一定的间距设置行人过街设施，为行人提供安全的过街途径。在靠近路口处的车站，应采用护栏、围栏的形式有效引导乘客使用过街设施。建议将中央隔离带用护栏的形式隔离，将行人引至路口有信号控制处过街，保障行人过街安全。

另外，在靠近站点的路中过街处，也建议安装隔离栏杆（图 6-82），既可以引导行人在指定处过街，同时可以放置摩托车侵占步行过街空间以及车辆利用人行过街空间掉头。

图 6-81　行人在缺少隔离护栏的公交走廊穿行

图 6-82　路中过街设计

3. 交叉口和信号控制方案

问题 1：未考虑用信号控制方案进行速度管理

信号控制的设置可以对走廊上的交通流进行速度控制与管理，保障并提高 BRT 走廊的交通安全。信号控制的设置可以利用“绿波”的形式，告知驾驶员车流到达每个路口时，正好遇到绿灯所需的行驶速度。在高峰拥堵时段，信号控制可以根据交通流进行配时优化，减少少数路口的异常拥堵情况。

问题 2：驾驶员对信号灯的遵守

信号灯的设置可以有效地避免交通流在路口及行人过街处的冲突，同时需要驾驶员及行人严格遵守信号灯。如果道路使用者对信号灯的认可度低，那么即使安装了完备的信号指示系统，也不能保证行人的安全。

许多驾驶员习惯在红灯亮以前或是在绿灯启动前加速，尤其是在有倒计时信号灯的路口。若发生高速碰撞，此行为会造成人员受伤。此外，这样易导致来自所有方向的交通流几乎每个相位都在路口产生混合，而大大降低交叉口的通行能力。可以通过延长绿灯间隔的方式，增加交叉口的总体通行能力，并减少冲突。

问题 3：行人对信号灯的遵守

许多路口处常见行人闯红灯现象。在过街处，行人等候时间往往较长且通行时间较短，从而导致行人遵从信号灯调度的意愿较低，城市的交通安全也存在较大隐患。因此，信号灯周期应尽量简单，尽可能降低行人闯红灯的概率。如果为照顾更多的转弯车辆或提升道路通行能力，而盲目增加信号灯的相位或延长单个相位的时长，则会使信号灯复杂化，或增加行人等待的时间，会导致行人更容易闯红灯，具体研究情况如图 6-83 所示。

行人在较窄的道路上更容易违反交通规则，对其安全产生不利影响。可以考虑使用缩窄道路并安装减速带等交通稳静措施，或者在窄路的信号灯上进一步减少行人延时从而使行人更遵守信号灯。

问题 4：BRT 走廊交叉口左转

在多数 BRT 走廊的路口，允许车辆左转掉头，这些转弯动作不仅延长了路口的相位周期，而且增加了交叉口的复杂性。为提高路口车辆通过效率，位于 BRT 走廊上的路口建议禁止社会车辆左转和掉头。研究表明，在交叉口取消一条左转道，能减少 22% 的致重伤及致死事故（Duduta，等，2015）。需要左转的车辆可按照路口绕行交通标志提示，选择两种方式绕行：一是先直行经过禁止左转路口，然后在前方路口右转，用两次右转取代左转；二是先右转经过禁止左转路口后，在前方路口左转然后直行，如图 6-84 所示。

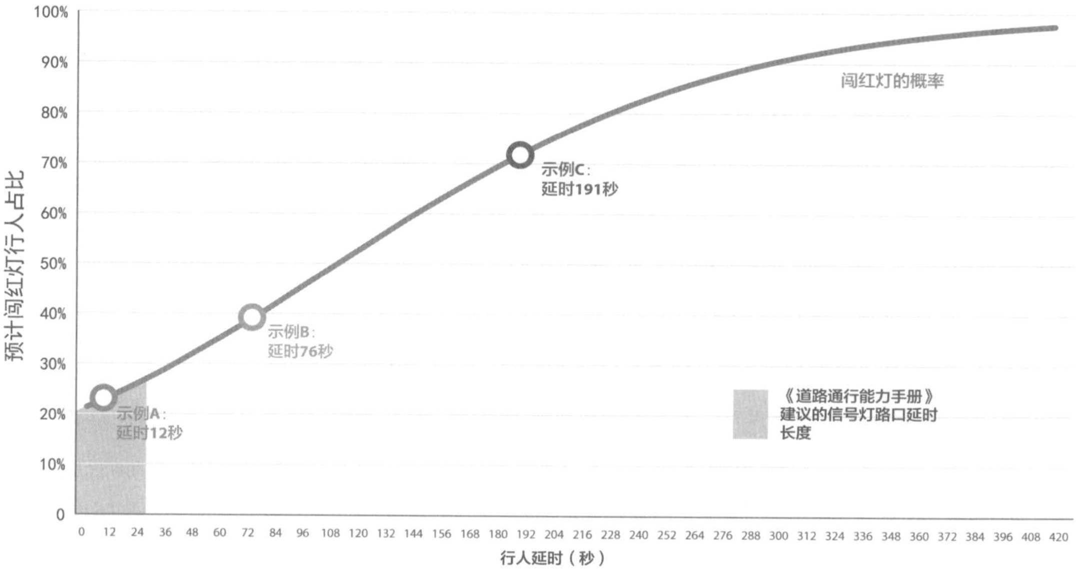

图 6-83　行人延时对行人闯红灯行为的影响（Duduta 等，2015）

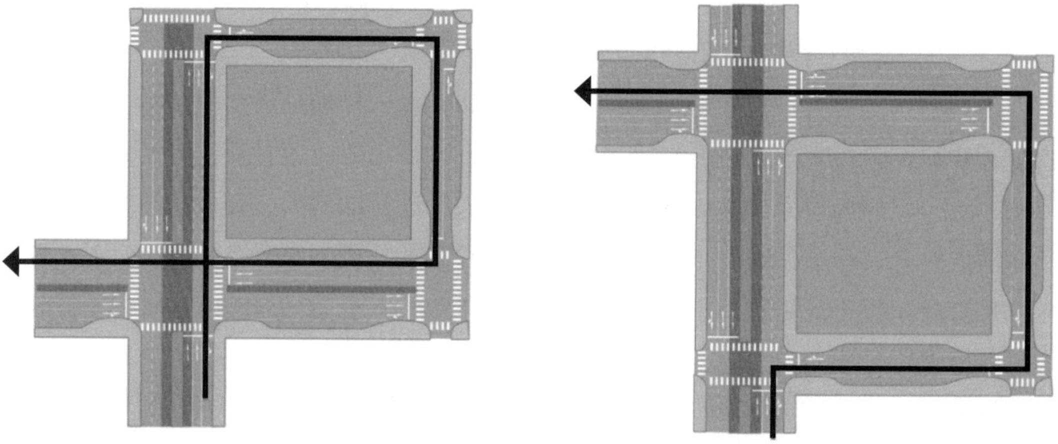

（a）先直行经过禁止左转路口，然后在前方路口右转　（b）先右转经过禁止左转路口后，在前方路口左转然后直行

图 6-84　BRT 走廊路口左转的绕行方案

6.5　机动、电动两轮车使用者群体的安全问题

近十几年来，我国城市交通中电动两轮车群体增长迅速。数据显示，2007—2016 年，我国每年道路新增电动自行车超过 3000 万辆；中小城市电动自行车的出行分担率可达到 10% ～ 30%，已成为城镇居民主要出行方式之一（朱建安，等，2018）。与此同时，电动自行车的安全风险日益增加。电动两轮车具有行驶速度较快、稳定性差等特点，往往导致较严重交通事故。我国城市道路在 2007—2016 年由电动自行车肇事导致的交通事故年均增长 9.9%，骑车者交通事故伤亡人数年均增长 10.5%，远远高于其他交通

方式。2016 年，全国驾驶电动自行车事故的死亡人数占交通事故总死亡人数的比例达 11.41%，已接近驾驶汽车发生事故死亡人数的比例（朱建安，等，2018）。与此同时，电动两轮车的无序行驶和停放、道路设计缺少应对及保护、使用者群体缺少保护装置，以及相应管理措施的缺位，为电动自行车的安全与管理带来新的挑战与课题。

6.5.1　电动两轮车事故特点

由于全球范围内针对电动两轮车安全性的研究案例比较缺乏，本书选择针对机动两轮车的研究作为类比案例进行介绍分析。世界卫生组织《两轮和三轮机动车的安全》（*Powered Two-and Three-Wheeler Safety*：*a Road Safety Manual for Decision-Makers and Practitioners*）报告显示，2013 年全球有将近四分之一的道路交通死亡发生在摩托车上（WHO，2017）。同时，全球约有 90% 的机动两轮车死亡发生在中低收入国家。

道路性质而言，机动、电动两轮车事故及风险在城市道路上最严重。全球范围内，机动两轮车交通事故最常见于大城市和其他城市地区。中低收入国家城市道路上的机动两轮车事故致伤绝对风险在近几年大幅增加，这主要和机动两轮车的使用率大幅提升相关（WHO，2017）。与之类似，我国城市道路的电动自行车安全情况最为严重。2016 年，77.2% 的电动自行车死亡人数中集中于一般城市道路，7.4% 位于城市快速路（朱建安，等，2018），二者合计占 84.6%。北京市 2018 年城市道路上的电动自行车交通事故受伤人数占比近 95%（马社强，等，2019），凸显一般城市道路对电动自行车安全的重要性。

就道路的危险因素而言，混行、超速、道路设计、路面情况等为主要危险因素。世界卫生组织报告指出，交通混行、超速、不良的道路设计、路面条件和路侧危害为主要的道路危险因素（WHO，2017）。马来西亚针对摩托车的安全研究显示，路口环境、与其他交通交织、超速等道路因素会影响摩托车的行驶安全（Manan，2019）。

我国尚缺少针对电动两轮车事故与道路因素的相关性研究。从事故分布看，交叉口是电动两轮车事故的高发地。在一般城市道路中，电动自行车死亡事故有 38.7% 发生在 T 字形或十字形交叉口，相比之下，所有交通死亡事故中仅 17.1% 发生在交叉口（朱建安，等，2018）。这一特征在城市层面也有呈现。以杭州市为例，将近 43% 的电动自行车事故发生在交叉口（徐程，管满泉，2018）。

综上所述，城市道路环境是提升电动两轮车交通安全水平的工作重点。具体的危险因素包括了影响路段安全性能的混行、超速、路面条件、路侧危害等因素，以及影响路口安全性能的路口设计、可视性、优先权等因素。本书借鉴国外案例分析，重点探讨三个主要因素：速度管理、路权分配与管理和交叉口设计。

6.5.2 影响电动两轮车安全的三个道路因素

关于电动自行车的街道设施，目前国内外还在探索阶段。以下结合电动自行车、摩托车管理方面的经验针对几个关键安全问题进行探讨。摩托车和电动自行车与我国常见的电动摩托车具有不完全相同的质量、尺寸、车速特征，但在用户行为特点上具有相似性，故可以作为互为借鉴的案例。

1. 速度管理

超速是道路安全的主要危险因素之一。我国电动两轮车超标、超速现象较为普遍。市场上生产销售的电动自行车无论是质量、体积和速度都存在严重超标问题（朱建安，等，2018）。据部分城市的观测数据，有超过半数的电动自行车驾驶人行驶速度超过25千米/小时的限制，超过95%的驾驶人超过了非机动车道的默认限速（15千米/小时）（Li，2019）。电动两轮车超速会对交通安全带来两方面影响：一方面，对电动自行车自身，超速增加了意外事件出现后驾驶人反应、刹停的距离，增加了事故风险及后果严重程度；另一方面，对与电动自行车混行的慢速交通——如自行车或行人，超速也使他们暴露在更大风险中。对此，城市固然要加强车辆制造环节的管理。但道路因素同样重要。

世界资源研究所在哥伦比亚首都波哥大市的速度管理试点项目显示，机动两轮车是车速管理的最大受益群体。该试点项目选取超速明显的5条主要交通走廊，将限速从60千米/小时修改为50千米/小时，并加强针对超速的执法。结果显示，试行半年后，试点走廊的平均车速降低5%，85%车速降低8%，死亡人数平均减少了17%，如图6-85所示（José Segundo López，等，2020）。受益最大的群体为摩托车，死亡人数下降了26%，甚至高过行人的受益程度。由此可见，进行车速管理对机动与电动两轮车群体具有很大的安全效益。

同时应注意，以有限的警力进行速度执法，容易产生溢出效应。在没有进行车速执法的区域——如附近走廊或交叉口——会出现事故上升的情况。溢出效应产生的原因在于执法警力及分布的局限性，也从侧面支持了进行路网层面速度管理的必要性。路网层面速度管理包括采用执法摄像头及交通稳静设备，使速度管理具有全天候、全地段的特点，减少了警力不足的局限性。

关于针对机动、电动两轮车的路面限速措施，目前仍有讨论空间。一些国际实践显示，廉价、简便的路面措施可以有效降低机动两轮车速度。世界资源研究所在印度试验加厚加长的振动减速带（涂层厚度由2毫米增至4毫米）。经测试，包括摩托车在内的车辆平均速度降低18千米/小时。世界资源研究所在越南的实践证明，减速带能够将摩托车平均车速降低35%，减速带的抬升高度与可视性决定其减速效果。

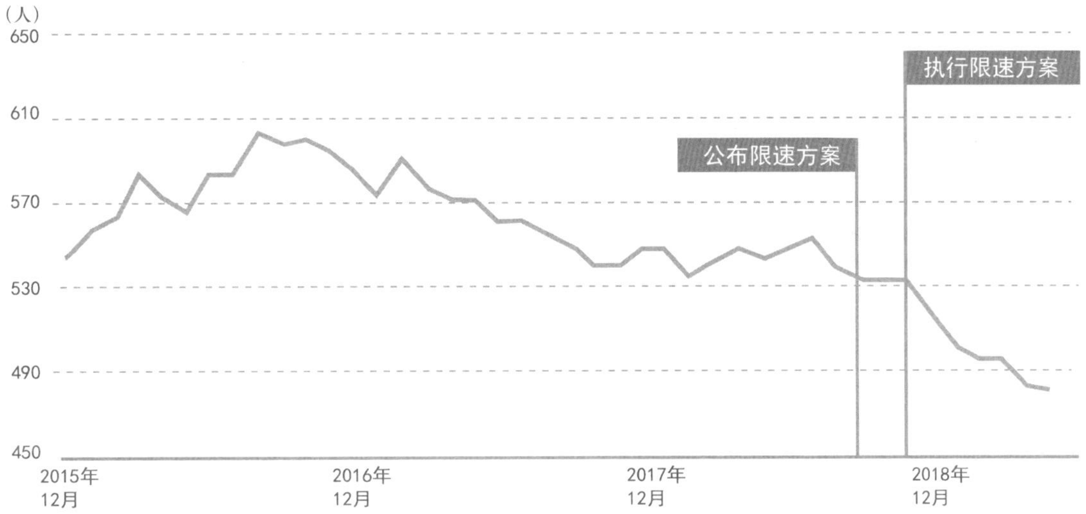

图 6-85　波哥大采取速度管理措施后，试点走廊死亡人数趋势

2. 路权分配及管理

混行是电动两轮车发生严重事故的主要原因之一。造成混行的主要诱因是路权不明确、监管困难且缺乏，以及使用者安全驾驶意识薄弱。路权归属的困难主要源于两个矛盾：一是电动两轮车介于道路弱势群体与强势群体之间的矛盾，二是兼顾安全性与路面空间有限性的矛盾。

表 6-2 展示了美国加利福尼亚州出台的两轮车辆分类方法。该州立法主要根据脚踏板有无和最大行驶速度将两轮车分为非机动车与机动车两大类。其中非机动车分为四类，包括自行车和三类电动自行车，电动摩托车属于机动车。电动两轮车的分类不仅决定使用者年龄、头盔佩戴等行为因素，也决定其路权使用情况。例如，三类电动自行车不能使用一类非机动车道（路外独立式非机动车道），电动摩托车不能使用有隔离的非机动车道。

我国目前的电动两轮车行驶规则按机动车与非机动车划分。但是，一方面，管理庞大的两轮车群体存在困难，难以广泛监管乱行现象；另一方面，驾驶人缺乏相关培训，安全意识薄弱，驾驶人不按路权行驶的情况非常普遍。电动两轮车既有与机动车混行的行为，也有占用慢行设施（如行人过街天桥、自行车专用道等）的行为。另外，由于超标车的存在，目前的路权分配不能完全保护弱势群体的安全。例如，超标电动自行车与自行车的混行导致二者事故比较常见。

3. 交叉口设计

交叉口是电动两轮车事故及死亡集中的地带。交叉口发生的重型车辆与电动自行

表 6–2 美国加利福尼亚州两轮车分类及管理一览

		车辆		用户				非机动车道			
		脚踏板	最大速度（千米 / 小时）	最小年龄	驾照	车牌	头盔	一类非机动车道①	二类非机动车道②	三类非机动车道③	四类非机动车道④
车辆类型	自行车	有	无	无	否	否	17 岁及以下需要	是	是	是	是
	一类电动自行车	有	32	无	否	否	17 岁及以下需要	是	是	是	是
	二类电动自行车	无	32	无	否	否	17 岁及以下需要	是	是	是	是
	三类电动自行车	有	45	16 岁	否	否	是	否	是	是	是
	电动摩托车	无	无	16 岁	是	是	是	否	是	是	否

注：①一类非机动车道是完全独立于城市街道的非机动车道，即路外自行车绿道。②二类非机动车道是只使用标线划分的非机动车道。③三类非机动车道是自行车与机动车共享路权的街道。④四类非机动车道（也称“受保护的非机动车道”），是与机动车道之间有隔离带、阻车桩等物理隔离的自行车专用道。

来源：People for Bikes，2019

车碰撞事故成为常见的严重交通事故类型。原因主要有两点，一是驾驶人自身安全意识及对路口交通的认识不足，二是路口设计缺少对弱势出行群体的保护及优先权考虑。对某些城市的观测显示，超过五分之一的电动自行车驾驶人会闯红灯，15% 的驾驶人在没有观察左右来车的情况下直接闯红灯穿越路口（Li，2019）。许多电动自行车驾驶人选择停在停车线之前的位置，与右转车辆发生冲突，如图 6-86 所示。

我国台湾地区对发生在路口的摩托车事故的分析显示，最常见的碰撞类型有 4 种，包括变道造成的侧向碰撞或追尾、直行车辆与右转车辆碰撞及直角侧撞事故、左转与对向直行事故，以及汇入车流交织造成冲突（张胜雄，2013），如图 6-87 所示。为提升摩托车经过路口的安全性，我国台湾地区在路口为摩托车设置直行等待区、两段式左转待转区与信号控制等措施，在时间、空间上将摩托车与机动车分流。针对左转这一较危险的运动，可根据道路宽度、左转标志、专用道设置情况等确定摩托车左转的具体方式。例如，较窄的道路可直接左转，较宽的道路则应采用两段式左转。在左转摩托车流量较大的路口，应设置左转等待区；反之，左转摩托车流量不大的情况下，可使摩托车与机动车汇合后左转，如图 6-88 和图 6-89 所示。此类道路设计及管理上的考虑一方面使两轮车在路口的路权得到凸显，另一方面可以减少路口冲突点，供电动两辆车管理借鉴。

图 6-86　电动自行车驾驶人超过停止线在大型车辆右转路径上等待

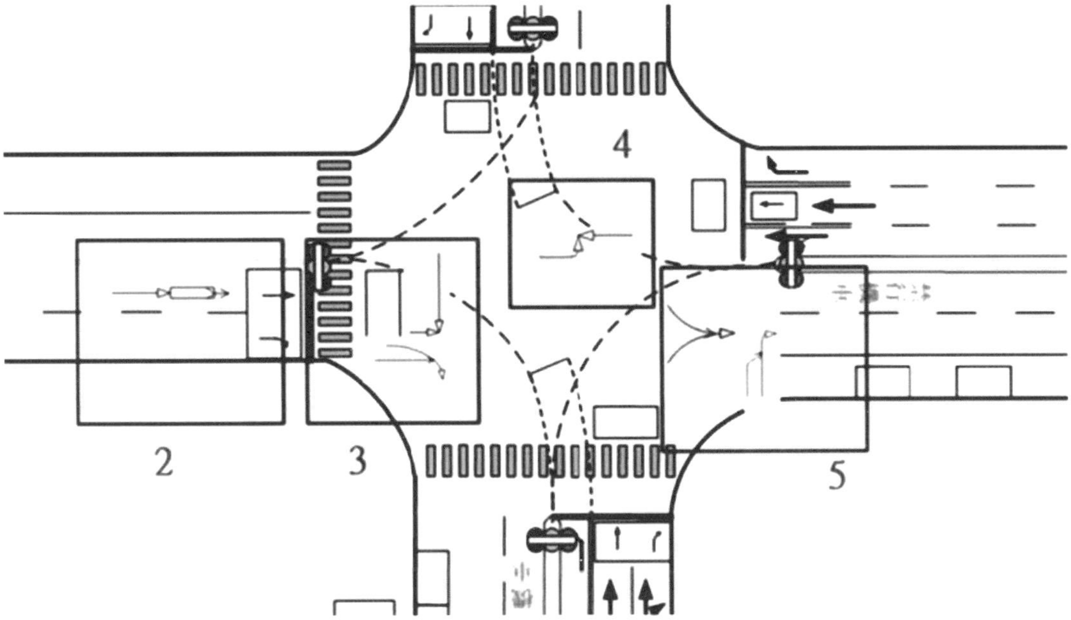

图 6-87　交叉口常见摩托车事故类型
来源：张胜雄，2013

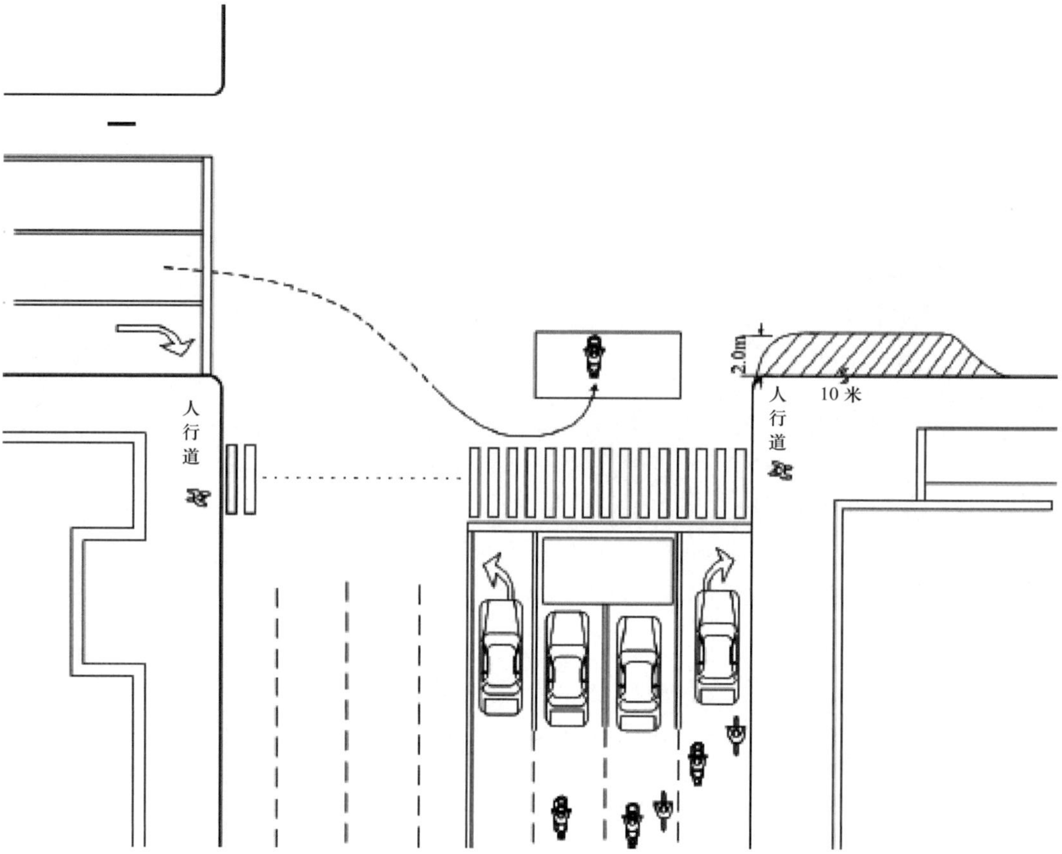

图 6-88　摩托车左转待转区的两种设置方法
来源：张胜雄，2013

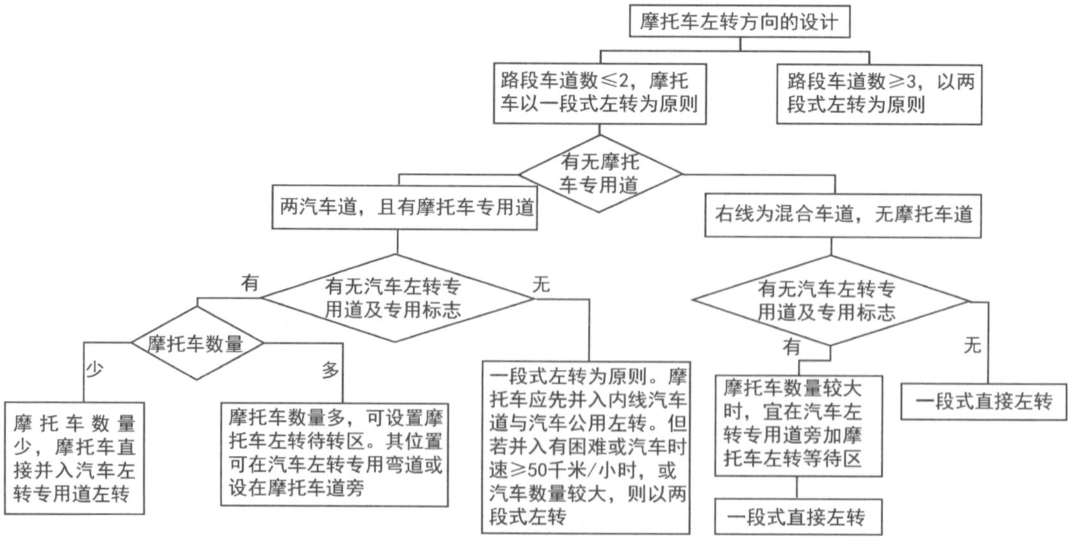

图 6-89　我国台湾地区摩托车左转建议流程
根据 张胜雄，2013 重绘

图 6-90　上海市嘉定区针对右转重型车辆与电动两轮车冲突采取的改造措施
来源：上海市嘉定区交警，新民晚报，2021

在城市郊区路段，重型车辆右转与电动两轮车发生“包饺子”是一种常见事故形态，通常导致电动两轮车使用者死伤等严重事故后果。2020 年，上海市嘉定区采用硬隔离配软漆画的方式对区内路口进行改造（图 6-90）。其主要措施如下。

（1）在路口增设水泥隔离墩，缩减路口转弯半径，既保护了在路口四角等待的非机动车群体，同时迫使大型车辆右转减速，并且以接近直角的方式与穿行的两轮车流相交，增加司机的可视性。

（2）针对电动两轮车行经路口车速较快的问题，使用硬隔离将非机动车道改成类“S”弯，并漆画醒目的警示标识，促使骑车人通过路口时远离机动车转弯半径，同时减速慢行。

（3）取消电动两轮车直接左转，改为“二次过街”左转，并增设引导标志牌，减少电动两轮车暴露在大型路口车流中的风险。

截至 2020 年年底，嘉定区共有 722 个路口经过了优化改造，减少因右转车辆造成的受伤及以上事故同比下降 51.3%。其中，改造前曾多发事故道路如宝钱公路、浏翔公路丰登路等路口，改造后实现了亡人事故“零发生”（潘高峰，2021）。一路口改造案例为解决交叉口右转车辆事故提供了解决思路。

6.5.3　系统性提升电动两轮车安全

目前我国多数城市限制摩托车，未将电动两轮车纳入机动车进行管理，缺少管理要求。电动车质量与车速明显高于自行车，已成为目前道路重要交通事故引发点。对此，应采用道路安全系统方法对电动两轮车安全问题加强管理，从骑手行为规范与道路设施等方面保障安全。

在管理方面，应该明确电动两轮车安全问题的管理部门与职责。划定电动车车速与质量的分类标准，依此确定不同类型电动车的路权。需要明确电动车违章处罚规定，已有规定的城市需加大执法力度。同时，应重点加强对外卖、快递企业的行政管控，避免外卖快递配送人员因盲目追求效率导致超速、逆行、闯红灯、违章停放等易诱发交通事故的行为。

在道路方面，应确定弱势出行群体的优先保护原则。在考虑电动两轮车群体与慢行群体的混行时，应优先考虑慢行群体的路权与安全保护。在考虑电动两轮车与四轮车辆的混行时，需考虑电动两轮车群体的安全保护。因此，需要针对两轮车的速度、质量等因素考虑其路权使用情况，也要针对与其混行的其他交通流与路面空间情况决定采取具体的行驶规则与街道设计方案。在行驶路权、车速控制、路口等待区、人行道停放区等方面予以规范。

6.6 交叉口改造

交叉口是城市道路环境中最危险的地段之一，它是城市道路交通中各种交通参与方式的交会点，也是交通行为的冲突点和交通事故的多发点。交叉口由于交通流组织的复杂性易成为事故频发的黑点。特别是大型交叉口拥有较大的通过区域，给车辆转弯增加了许多操纵空间，更有可能增加交叉口运动冲突的复杂性，对所有用户群体都构成安全威胁。对弱势出行群体如行人，骑自行车、电动车者等来说，碰撞事故带来的伤害程度会更加严重。

6.6.1 交叉口的常见安全问题

对行人来说，交叉口面积过大会导致过街距离更长，而信号灯时间有限，行人难以一次完成过街。若交叉口处不设安全岛提供二次过街安全等待区域，行人则可能被迫暴露在车流中。另外，一般交叉口机动车右转不受控，右转车辆较易与过街行人发生冲突，造成危险，尤其在设有转弯匝道的较大型交叉口，转弯半径较大，右转车辆会以较快速度通过，对行人过街安全更加不利。交叉口转角处的树木、障碍物等会产生视线遮挡，影响转弯视距。行人等待信号灯时间过长易诱发行人闯红灯行为。交叉口信号灯设置应兼顾通行效率和行人等待时间。

在交叉口设置自行车信号灯可以进一步保障骑行者安全并规范其行为。自行车信号灯明确了通过交叉口的主体和时间，同时通过信号灯时长设置，优先保障骑车者通过。信号灯按钮、自行车专用等待区、彩色路面和标线可与自行车信号灯结合使用，保障自行车过街安全。可以考虑在交叉口给予骑车者通行优先权，自行车先行绿灯可使骑车者更容易被小汽车驾驶员注意到，自行车通过交叉口时也最大程度减少了与小汽车混行的时间。

对自行车来说，由于左转距离较长，且需要与机动车流混行，其左转过程尤其危险。尤其是左转与直行同时的情况，在机动车流中混行的非机动车会处于更不安全的环境。在大交叉口处，自行车等待区与机动车右转路线常发生冲突。其次，一般在交叉口处不为慢行车辆施划专门的等待区域，自行车与电动车往往会越过停止线等待过街，此时右转车辆与等待的自行车成锐角相交，视野较差，容易产生碰撞。尤其是大型车辆在右转时，内轮差使其后轮会产生更大的扫荡区域，等待的非机动车往往被拐弯时的车身撞倒，并被后轮碾压，造成严重的交通事故。

对小汽车来说，当交叉口处的车道不对齐或不平衡时，小汽车在穿越交叉口的同时还需要完成并道及对齐出口车道的操作，需要驾驶员处理较多的信息，易产生判断失误，增加风险。其次，当交叉口左转与直行同相位时，左转车辆与对向直行车流会产生冲突。另外，视距问题在许多交叉口也是小汽车发生事故的原因。交叉口处植被、立柱、广告牌等障碍物设置不当时，可能会影响驾驶员观察车流的情况，从而发生危险。最后，由于交叉口面积过大，车辆有较大的操纵空间，可能会导致机动车乱行、插队、大弯小转、加塞转弯等不安全行为，易滋生事故。

对大型车辆来说，除了与自行车等待区产生冲突的问题外，在交叉口右转时，若空间不足，大型车辆会占用对向车道摆头而完成转弯，此时容易与对向直行车辆产生冲突。另外，一些近高速的交叉口由于减速措施不足，大型车辆在右转时可能会由于车速过快而无法完成转弯并发生危险，或驶入对向车道，或冲撞路中隔离带。

针对各种道路使用者的安全考虑，安全的交叉口设计应主要遵循以下原则。

（1）交叉口设计紧凑。在满足机动车通行能力和转弯需求的情况下，尽可能做到紧凑，缩减交叉口面积。

（2）慢行路权明确。尽量缩减行人、自行车的过街距离，人行横道尽量靠近交叉口并垂直于路缘设置。

（3）尽量确保上下游车道平衡与对齐。在无法保证的情况下，可施划引导线。

（4）提供良好的可视性，特别是行人和驾驶员间的可视性。树木、标志和其他街道设施不应该影响交叉口可视性。

（5）信号灯合理配时，优先确保慢行有足够时间过街。

（6）不规则交叉口需做简化处理改造。多岔路口易导致交通组织过于复杂，影响驾驶员判断。斜交交叉口易导致驾驶员视线受限，且行人过街距离过长。错交路口易导致过街车道不对位。应简化处理不规则交叉口，减少行人与车辆的冲突。

本节针对一些交叉口处常出现的安全问题进行讨论。

1. 车道平衡与对齐问题

车道不平衡，尤其是进口道多于出口道的情形，会产生合流点，可能产生冲突。为了减少和避免交叉口过街的交通冲突，进口道和出口道数量应保持平衡且位置尽量对齐。当沿着给定方向或者是转向方向进入交叉口的车道数大于沿相同方向离开交叉口的车道数时，车道不平衡就会发生，如图 6-91 所示。因此，在确定交叉口驶入和驶出的车道数时，要求对道路通行能力和左转、右转交通量的比例进行研究。对于红灯时允许转向的交叉口，左转的交通量应该被计入驶出车道。若交叉口车道进口道不对齐现象较严重，应设置充足的交通标识线引导驾驶员，允许在车道偏移规定的最大值范围内有小幅度变化。

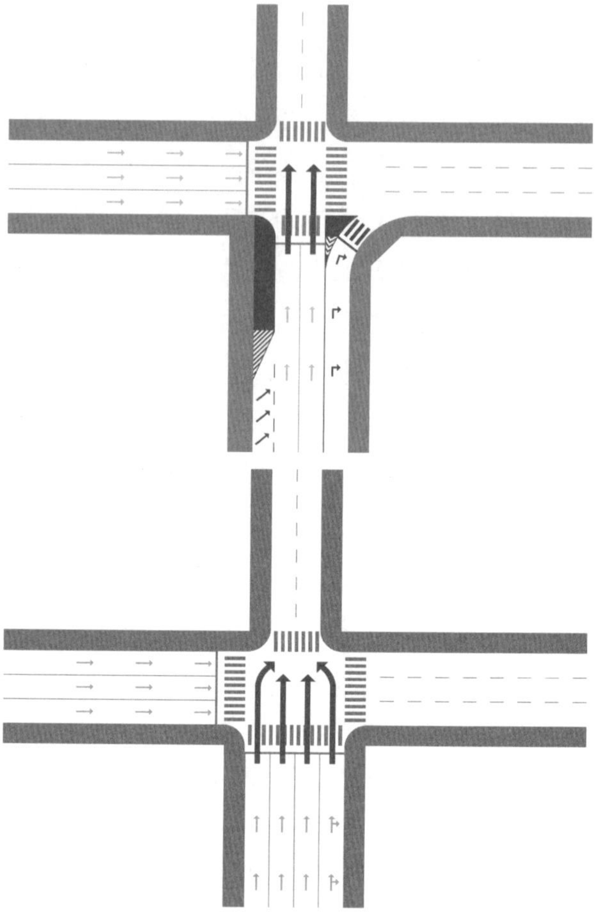

图 6-91　利用人行道拓宽和交通安全岛实现车道平衡

一些交叉口面积比较大并且缺少相关标识，导致机动车很难正确驶入车道。这种现象增加了机动车逆向行驶的风险，同时也增加了车祸发生的概率。应当在这种类型的交叉口增设充足的标识，对驾驶员进行引导。

2. 车辆右转与行人冲突：转弯半径及转弯专用道 / 匝道问题

交叉口的转弯半径会依据通过交叉口的车流量和车速进行确定。许多交叉口为了满足小汽车快速通行以及大型车辆转弯的需求，将转弯半径设置得较大，确保车辆可以快速通过交叉口。但是，车辆在交叉口转弯速度较快，也会影响行人过街构安全。应该缩小行人和非机动车通行集中交叉口的转弯半径，如图 6-92 所示。

另外，一些大型交叉口设有右转匝道，当转弯的车辆以高速通过时，可能也会与直行的车流产生合流冲突，此时可以考虑设置右转弯三角渠化岛。右转弯三角渠化岛不应在城市中心区、人流和自行车出行集中的区域使用，在城市外围机动车交通为主，行人和自行车流量不大的地方，可适度采用。

针对交叉口及渠化问题的设计，一般性的建议有以下几点。

图 6-92　缩窄右转匝道并减少转弯半径，设置正确的过街设施

（1）拓展人行道，缩小缘石半径。在人流、自行车流较大的交叉口，缘石半径可以压缩到 5 ～ 8 米。

（2）检查右转弯渠化岛使用的必要性。在有必要使用的地方，可将渠化车道宽度缩小以控制右转车速。在人流和非机动车密集的地区，不建议使用渠化岛，可根据交叉口情况改为无渠化岛、转弯半径较小的交叉口。

（3）在视野清楚之处可设置宽度至少为 2 米的安全岛。

3. 车辆掉头问题

在一些交叉口处，机动车的掉头空间总是不足，同时也没有防止对向车流干扰的保护措施。如果掉头车道没有设置相应的待转区，或者路段上供掉头的点过多时，掉头的车辆很可能与对向车辆发生冲突，尤其是大型车辆。如果交叉口情况允许，可以考虑移除车辆掉头点，或者增设掉头待转区、掉头车辆单独信号相位，保护掉头车辆的安全。

4. 行人在交叉口过街问题

一些交叉口缺少人行横道等过街设施或者过街设施设置在远离交叉口处，行人很可能因不愿绕行而在没有保护的情况下穿越马路。应在交叉口处提供合理的过街设施，并配合隔离栏、行人护栏等设施，引导行人在路口过街，杜绝非法穿越。较大的交叉口由于过街距离过长，行人在一个行人绿灯周期无法通过，需要在路中设置安全岛，为行人提供二次过街等候区域，保障过街安全。

过街处应同时提供车辆减速措施，如设置减速带、信号灯、标志标识，以及拓宽人行道等，确保小汽车在交叉口处有效降低车速，保障行人能够安全过街。过街处建议安装缘石坡道，为无障碍过街提供方便，同时应在坡道上安装隔离护栏，防止电动两轮车驶入人行道，对步行安全不利。此外，交叉口处植被、护柱设置不当时，可能会阻挡视线，导致行人与机动车看不到对向的交通情况。应移除此类障碍物，确保交叉口处视野清晰。

对于现有街道，为了减少行人和骑车人的穿越距离，应参考 6.3.1 城市步行环境的常见问题进行改善，可以优先考虑以下建议。

（1）不影响车辆通行的情况下，尽量减小转弯半径并拓展人行道，这样既能给予人行道更多空间，也能降低转弯车速。

（2）缩减车道宽度、降低车速的同时，应保证其安全通行。

（3）在不影响交通通行能力的情况下，尽量减少车道数量。

（4）在宽度大于 16 米的道路路中，设置宽度至少为 2 米的安全岛。

（5）移除遮挡视线或超出路缘的障碍物，或改变过街斑马线位置以改善视野。

（6）根据需要设置减速设施。

5. 交叉口附近出入口干扰主路车流

道路上的出入口设置在靠近交叉口处时，进出车流会干扰交叉口交通形成冲突点；如果此类小型出入口视野不佳还易导致事故。按《城市道路交叉口规划规范》（GB 50647—2011）相关要求，道路外侧规划用地建筑物机动车出入口规划，应符合下列规定:

（1）对于新建交叉口，道路外侧规划用地建筑物机动车出入口不得规划在交叉口范围内，应设置在支路或专为道路外侧规划用地建筑物集散车辆所建的内部道路上。

（2）对于改建、治理交叉口规划，机动车出入口应设在交叉口规划范围之外的路段上，或设在道路外侧规划用地建筑物离交叉口的最远端；且干路上道路外侧规划用地建筑物出入口的进出交通组织应为右进右出。

6. 可视性与视距问题

交叉口的视距是对其安全运行很重要的参数。交叉口处的视距三角形内若出现遮挡物，如灌木、柱子、广告牌、建筑等，会造成一定的盲区，令驾驶员驾驶时缺乏安全、清晰的视野，导致车辆在通过交叉口时容易与其他方向行驶的车辆发生碰撞。若通过速度较慢，则会影响交叉口通行能力。《城市道路交叉口规划规范》规定“平面交叉口红线规划必须满足安全停车视距三角形限界的要求”“视距三角形限界内，不得规划布设任何高出道路平面标高 1.0 米且影响驾驶员视线的物体”。无管制交叉口也应符合安全视距三角限界的要求；对安全视距三角限界不能改善的交叉口，应改为停车让行标志交叉口或采取限速措施。

在实际道路安全排查中发现，交叉口会遇到以下主要的可视性问题。

（1）高架桥有时会干扰地面驾驶员或行人的视野。致使行人可能看不到对向的车流，驾驶员也可能看不到正在过马路的行人，以及对向驶来的车辆。

（2）停止线若设置过于靠后，可能会造成司机视野受限，一些车辆会行驶得稍微远一些，确保能有更好的视野，但这样会使车辆部分侵占人行横道，干扰行人过街。

(3) 一些交叉口面积比较大且缺少相关标识，使驾驶员难以正确判断道路情况。这种现象可能会增加机动车逆向行驶的风险，也增加了车祸发生的概率。在这种类型的交叉口应增设充足的标识，引导驾驶员驾驶。

确保视野清晰、开阔，也许无法移除阻挡视野的障碍物，但是通过拓展人行道或者移动行人过街斑马线可以提升安全性。

7. 信号灯缺失或设置不合理

交叉口的交通信号控制规范了交通行为，可以保障机动车和行人在交叉口的安全性。交通信号控制可以设置为安固定时间控制或是由道路使用者触发。

一些交叉口的信号灯未设置行人信号灯，或者设置了行人信号灯，却未正常运行。还有一些信号灯的设置等待过街时间过长，导致行人厌倦等待，选择在红灯相位时过街。行人可能会选择在机动车左转绿灯时闯红灯过街，因为此时直行相位为红灯，能够确保行人过街时相对安全地通过。但左转的机动车转弯半径大、速度快，可能会产生与行人过街冲突的安全问题。

所有信号灯都应该为行人提供充足的绿灯时间，如果交叉口有非机动车道，也应该为其使用者提供充足的绿灯时间过街。绿灯过街时间越充足，不遵守信号灯过街的行人就越少，行人过街的安全性就能得到保障。在允许车辆红灯时右转前，应当基于当地条件和交通流量进行评估，并且应当与交通稳静措施相结合，如缩小转弯半径和拓宽人行道。

采用触发式过街信号灯的行人信号灯应最小化行人的等待时间。在连续交叉口，信号灯应当被协同控制，从而对车速进行管控。

8. 不规则的交叉口

不规则的交叉口如斜交交叉口、错位交叉口及多路交叉口等，易导致交叉口交通组织过于复杂，从而影响驾驶员视线和对交通状况的判断，易在交叉口处发生风险。斜交交叉口还会导致行人过街距离过长，对行人过街安全也不利。针对这些交叉口，通常改造方法包括斜交改正交、错位改对位、多路口简化等措施，尽可能在交叉口处使交通流汇合，进而使冲突点降至最少，如图 6-93 所示（NACTO，2013）。

6.6.2　专栏：曼谷交叉口改造案例

曼谷市（Bangkok）在市内针对事故多发的交叉口进行安全改善。多数交叉口位于城市郊区环境，车速较快而发生碰撞是其不安全的主要原因。此专栏选取几个不同类型的交叉口改造案例，说明其安全问题以及改善建议。泰国为靠左行驶的国家，交通

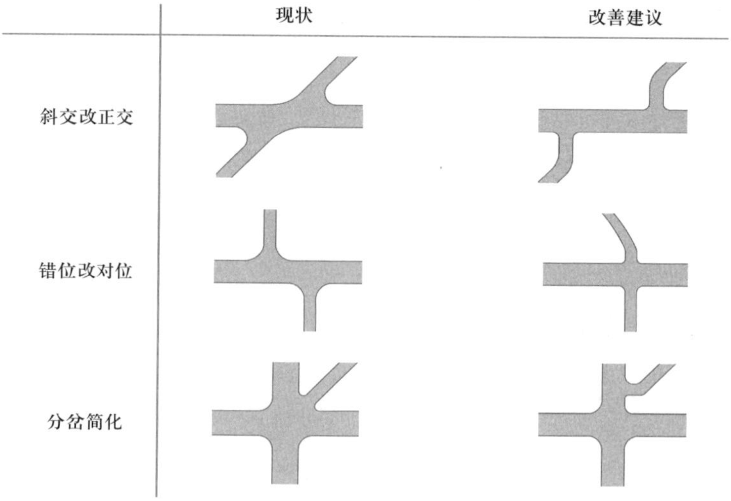

图 6-93　不规则交叉路口改造示意

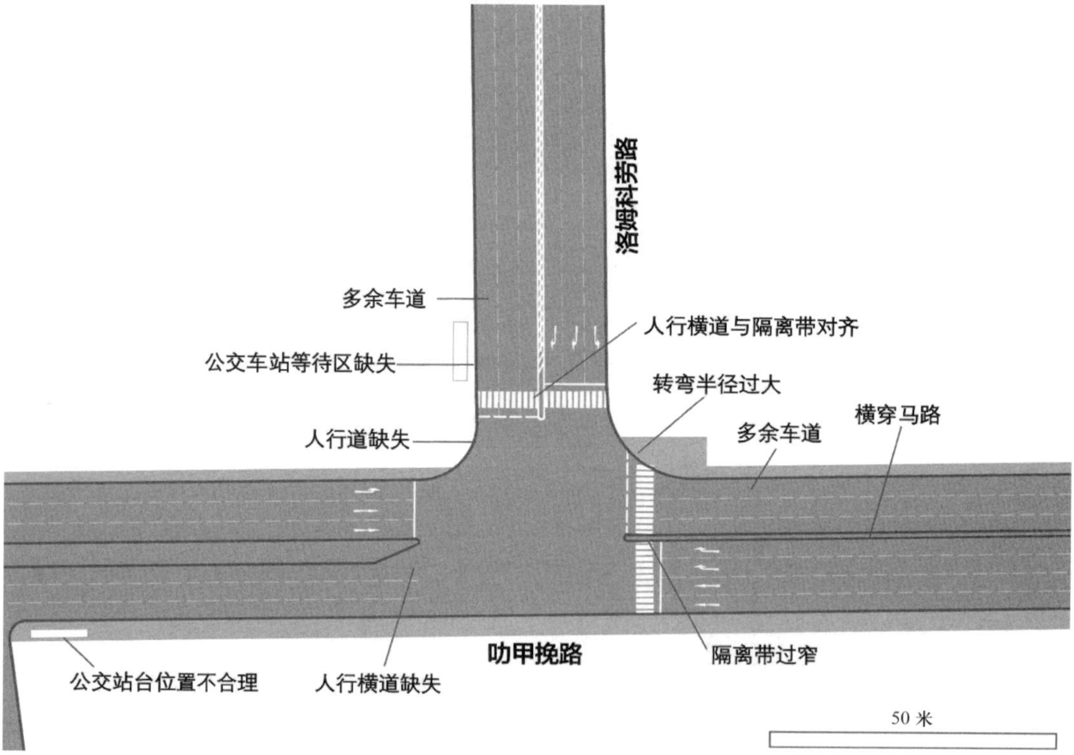

图 6-94　叻甲挽路—洛姆科劳路交叉口主要问题

流方向与我国相反，特此指出。

1. 紧邻高速公路的交叉口：叻甲挽（Lat Krabang）路—洛姆科劳（Romklao）路

曼谷市的叻甲挽路与洛姆科劳路的交叉口处存在因车速过快而产生的安全隐患。如图 6-94 所示，此交叉口为丁字路口，上方有南北方向高架快速路，其中叻甲挽路为东西走向，北侧与洛姆科劳路交会。洛姆科劳路与高架快速路出口相连，在交叉口处自北向南形式的车辆往往速度较快，左转时易与路中隔离带发生碰撞。交叉口三处过街点处均缺乏安全的过街设施，步行条件较差，到达公交站点与在公交站点候车处十分危险。

1）公交站点缺乏安全候车区

交叉口西北侧，洛姆科劳路的西侧设有公交站点。由于缺少人行道以及候车空间，乘客往往坐在路侧护栏上候车，十分危险，如图 6-95 所示。

图 6-95　公交站点缺少等候空间，乘客在路边候车

图 6-96　洛姆科劳路过街设施不合理，过街处的隔离栏以及路中等待区的设置使过街十分危险

2）过街缺乏保护

部分行人需要穿越交叉口北侧洛姆科劳路抵达西北角的公交站点，然而此处过街处只施划了斑马线，且路中以画线形式设置的过街等待区域，使过街的行人处于危险的车流中。并且洛姆科劳路街处安装了隔离栏（图 6-96），阻挡行人过街，使需要在此过街的行人更加不便，也更加危险。

图 6-97　叻甲挽路西侧过街缺乏路中安全岛

交叉口西侧叻甲挽路过街设施缺失（图 6-97），若行人自交叉口西侧到达公交站点，则不得不在没有过街保障设施处过街，十分危险。

应用

图 6-98　高架快速路驶出左转的重型车辆超速易与路中隔离带发生碰撞

3）机动车驶出高架快速路减速问题

洛姆科劳路与高架快速路出口相连，自北向南行驶的车辆由于刚刚驶离高架快速路而保持较高车速，在交叉口左转时由于车速过快，容易与路中隔离带发生碰撞，如图 6-98 所示。这不仅对车辆来说十分危险，对此侧过街的行人也会造成严重伤害。

如图 6-99 所示，此交叉口改善建议如下。

（1）在叻甲挽路西侧安装人行横道，提供安全过街设施；拓宽此侧路中隔离带，作为二次过街等待区域。

（2）缩减叻甲挽路自西向东的最外侧一条进口车道，并拓宽路缘石，为行人提供行走空间。在东侧路中加装护栏，防止行人在此处过街。

（3）洛姆科劳路自南向北与叻甲挽路自西向东的进口车道均有三条，对于现有交通流来说，两条车道已经足够。缩减洛姆科劳路自南向北最外侧一条进口车道，并拓宽人行道以缩减转弯半径与过街距离，并为公交站点乘客提供安全候车空间。

（4）在洛姆科劳路自北向南车道安装减速带，提醒驾驶员减速。

（5）将洛姆科劳路的过街设施移到更靠近交叉口处，并安装安全岛，保障过街安全。

2. 主路与支路交叉口：叻甲挽交叉口

此交叉口由主干道叻甲挽路与支路叻甲挽 54 巷路（Soi Lat Krabang 54）相连，为

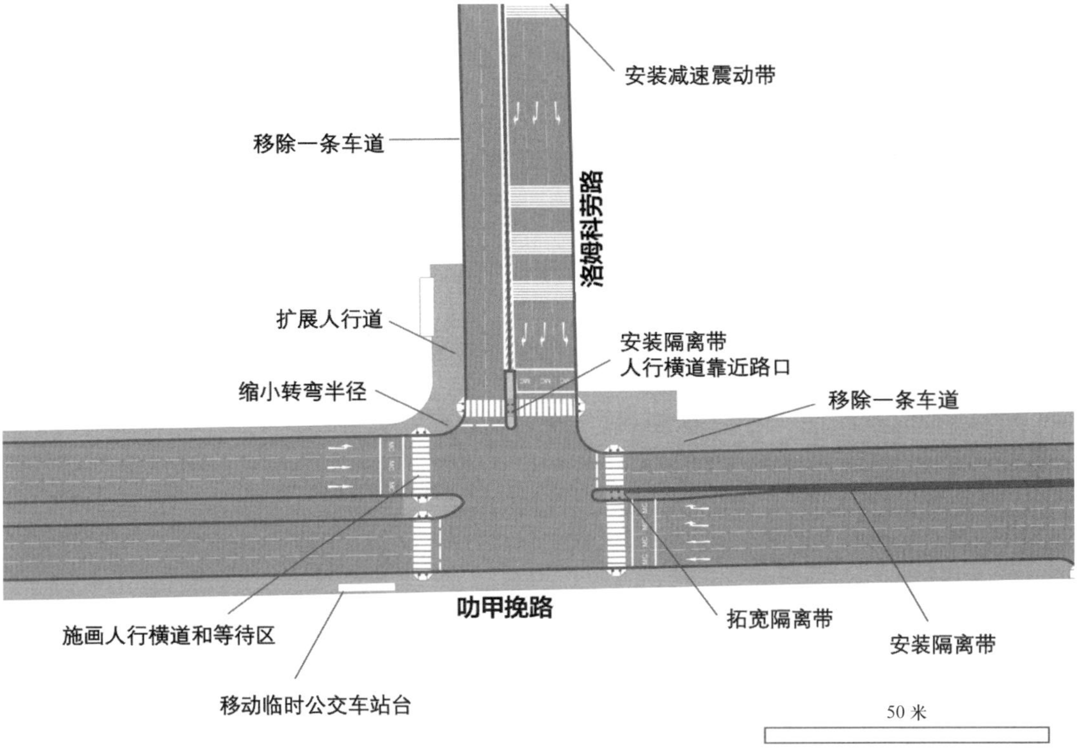

图 6-99　叻甲挽路—洛姆科劳路交叉口主要改善建议

T 形交叉口，其主要问题是进出叻甲挽 54 巷路的重型车辆干扰主干道交通和行人，并且还存在人行道过窄、缺失和过街设施不足等问题，对行人来说比较危险，具体如图 6-100 所示。

1）过街设施缺乏

交叉口仅在叻甲挽路西侧有人行横道。叻甲挽路东侧和叻甲挽 54 巷路上都没有人行横道。首先，由于缺乏行人过街设施，行人过马路时没有任何保护措施，如图 6-101 所示。其次，交叉口主干道（叻甲挽路）上行人信号相位时长较短，支路（叻甲挽 54 巷路）上无人行横道和行人信号。最后，主干道（叻甲挽路）的过街距离为 24 米，共有 7 条车道，但没有可容纳行人二次过街的安全岛。

2）交叉口交通组织重型车辆干扰交通

该交叉口的两条进口道均允许掉头。掉头车辆通常转弯半径较大，经常干扰对向交通以及由支路（叻甲挽 54 巷路）拐入的重型车辆，如图 6-102 所示。

支路（叻甲挽 54 巷路）上有重型车辆频繁进出，造成了该交叉口的几处问题。首先，大型车辆穿过人行横道，会阻挡行人视线，使行人过街变得危险。其次，由于转弯半径大，大型车辆转弯时易与其他车流发生冲突，尤其是在叻甲挽路上的直行车流。最后，交通状况恶化，导致事故风险增加。

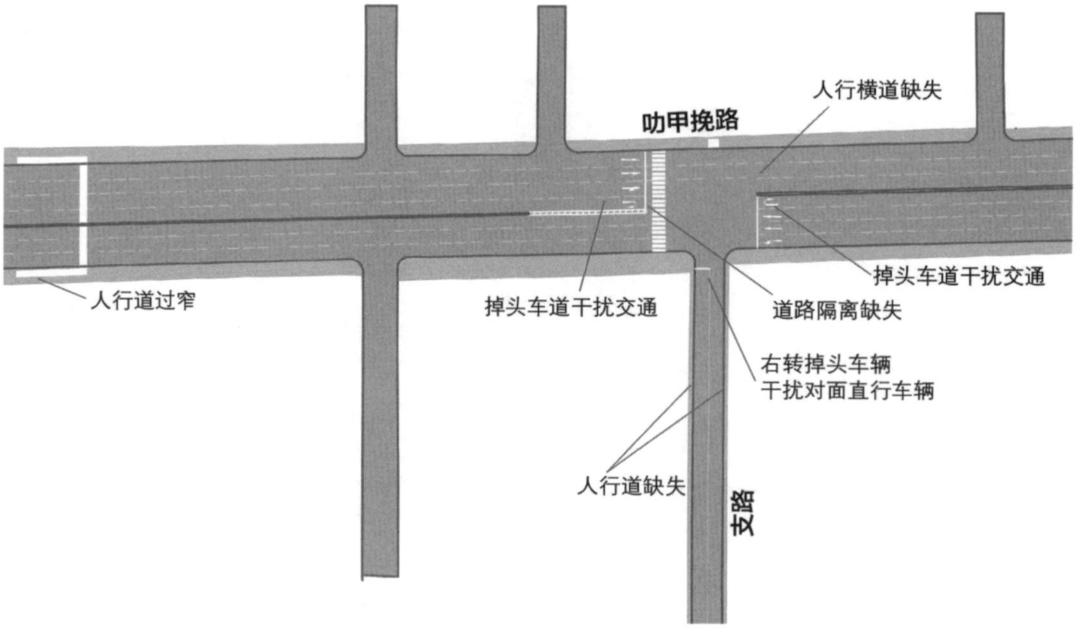

图 6-100　叻甲挽路交叉口主要问题

图 6-101　交叉口缺失行人过街设施

图 6-102　掉头车辆与其他车流产生冲突

3）步行空间缺乏

支路（叻甲挽 54 巷路）在道路两侧均未提供合适的人行道（仅有 1 米未抬起的步行空间，如图 6-103 所示）。这为行人带来了安全风险，尤其是在重型车辆较多的情况下。

图 6-103　支路两侧未安装人行道，行人使用较危险

图 6-104 叻甲挽路路侧空间被街道设施侵占，通行空间有限

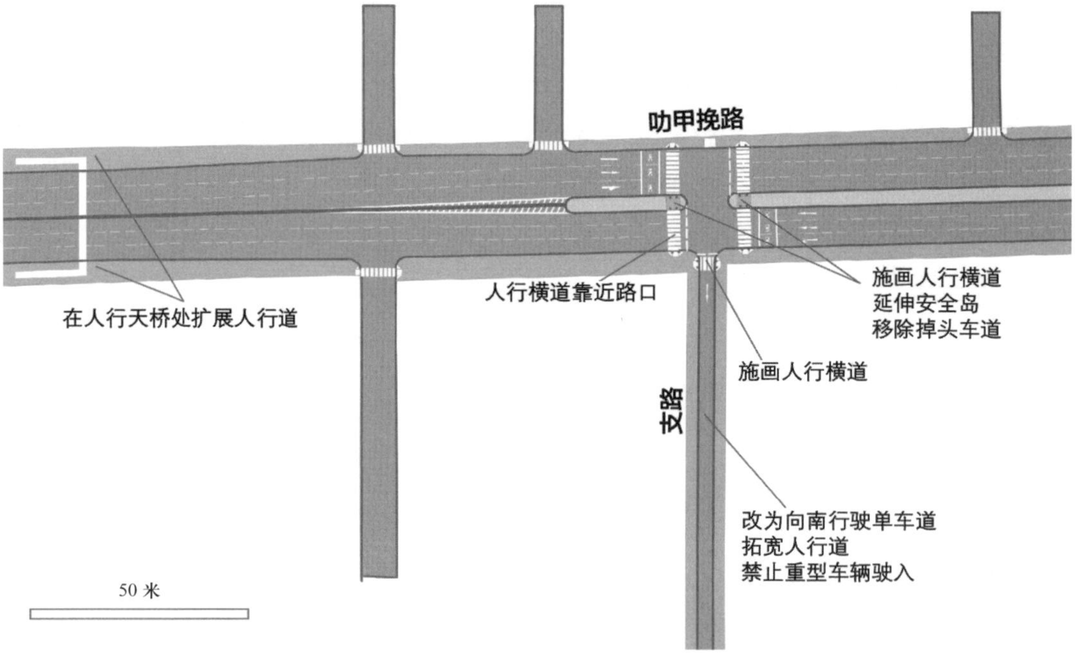

图 6-105 叻甲挽路交叉口主要建议

主干路（叻甲挽路）两侧的人行道上的交警亭、人行天桥等设施占据了很大的步行空间，只留下不到 0.5 米的步行空间，导致行人通过困难且无法观察附近交通状况，如图 6-104 所示。

针对以上交叉口观测到的问题，主要建议如图 6-105 所示。

（1）为叻甲挽路和叻甲挽 54 巷路东侧加设人行横道。

（2）去除叻甲挽路上的掉头车道，并改为带行人过街设施的更宽的中央分隔带，在路中安装带有缘石坡道的安全岛。

（3）禁止重型车辆驶入 叻甲挽 54 巷路，为重型车辆选择合理的绕行线路。

（4）将支路叻甲挽 54 巷路改为单行道，并在两侧安装抬起的人行道，创造更多安全的步行空间。

（5）适当延展叻甲挽路过街天桥旁的人行道空间，并相应地调整机动车道。

（6）延长行人绿灯相位时长，并缩过街短等待时长。

3．车道不对齐的交叉口：廊卓（Nongchok）交叉口

如图 6-106 所示，廊卓交叉口由连瓦里路（Liap Wari）与钱森潘路（Chueam Samphan）路相交，交叉口面积较大且不规则，存在不对齐的问题，特别是在北向和东向。由于人行道狭窄，以及植被、电线杆、障碍物等原因，北侧人行道空间有限，大多数情况下行人安全岛缺失或过窄。

1）交叉口车道不对齐

该交叉口存在不对齐的问题，特别是在北向和东向。在连瓦里路，东进口道车道不对齐：东进口道车辆在过街时需要向左移动。在钱森潘路，北进口道车道不对齐：北进口道车辆在过街时需要向右移动。这一问题可能会使驾驶员感到困惑和分心，甚至引发交通事故。

2）缺乏安全的二次过街设施

此交叉口东西进口道的中央分隔带只有 0.4 米宽，几乎不能容纳等候的行人。南进

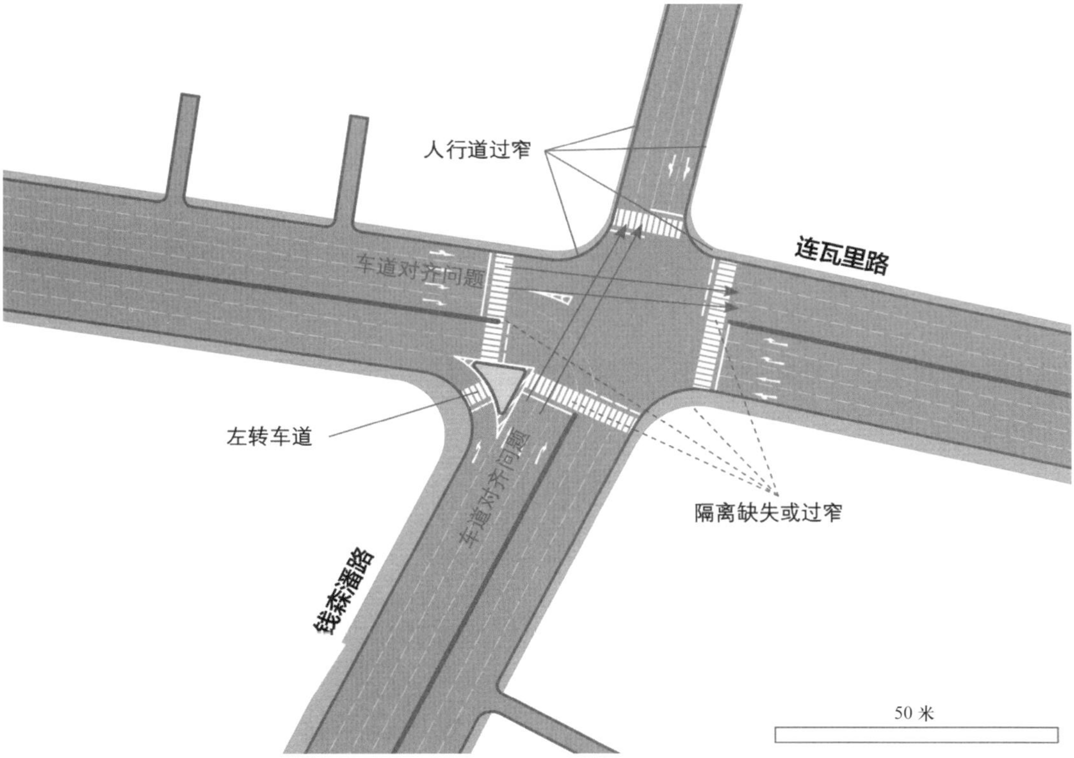

图 6-106　廊卓交叉口主要问题

图 6-107　过街缺失安全等待区

口道（钱森潘路）狭窄的中央分隔带仅 0.43 米宽，且距离交叉口较远，不能为行人提供保护，如图 6-107 所示。在钱森潘路，中央分隔带没有延伸到交叉口以保护行人，且交叉口转弯半径过大，使得车辆通过交叉口速度过快。西南方向的左转渠化车道允许车辆以高速转弯，为行人带来安全隐患。

3）步行条件差

交叉口北侧的人行道宽度为 0.6 ～ 5米不等，降低了人行道的可用性和可达性。而且人行道经常被电线杆和植被占用，如图 6-108 所示。

针对此交叉口问题的分析，主要改善建议如图 6-109 所示。

（1）在左转渠化车道安装凸起式人行横道。

（2）缩窄机动车道，加宽东、西、南进口道的路中安全岛。

（3）减小转弯半径至 5 米，并在街角为行人提供等待区域。

（4）移开阻挡人行道的电线杆和花盆。确保行人有宽度最少 1 米的步行空间。

（5）对齐车道：在连瓦里路东北方向取消一条车道，延长人行道（两条出口车道

图 6-108　人行道在已经很窄的情况下，经常被电线杆和植被阻挡

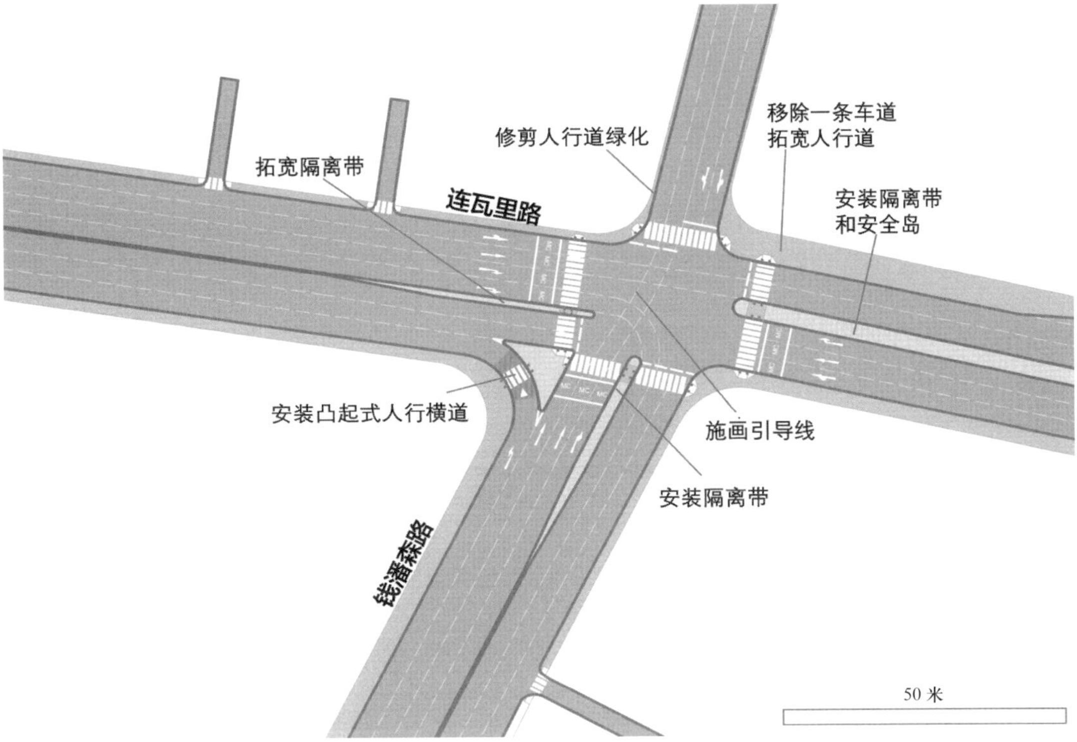

图 6-109　廊卓交叉口主要建议

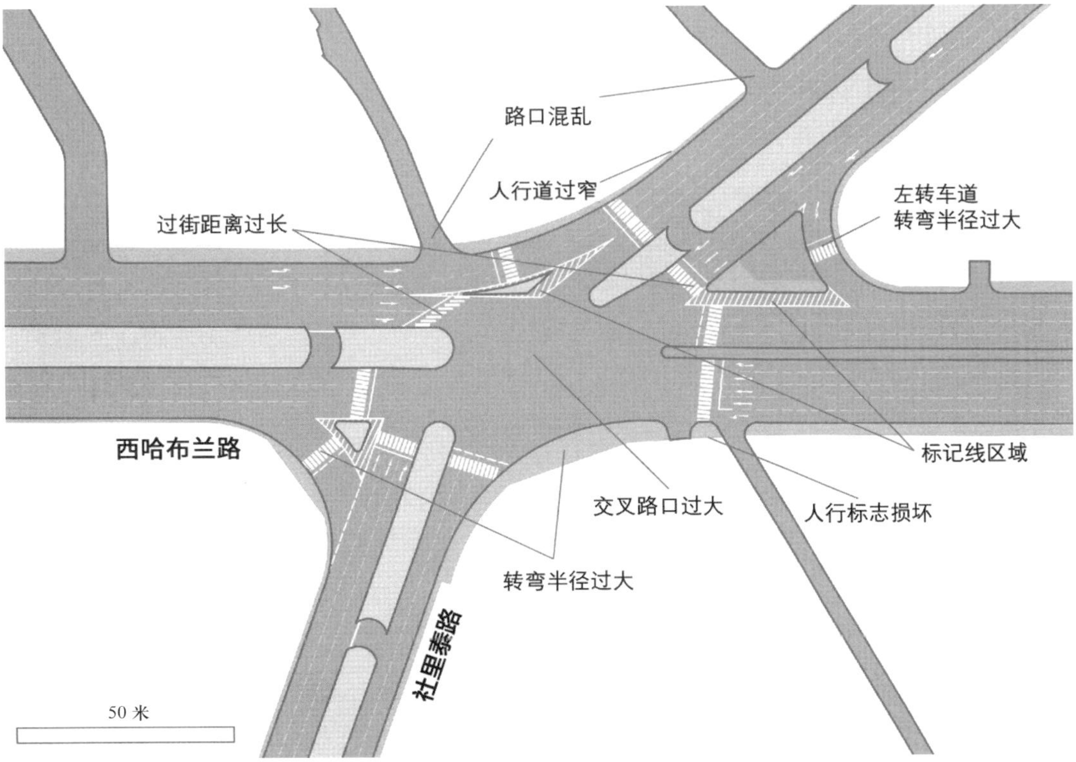

图 6-110　西哈布兰路—杜里泰路交叉口主要问题

足够接收驶入的交通量）；取消一条西行右转车道，安装中央隔离带。

（6）提供向北、向东及转弯的车辆引导线。

4. 不规则的大型交叉口：西哈布兰（Sihaburanukit）路—杜里泰（Serithai）路

如图 6-110 所示，此交叉口由两条城市主干道相交形成，且上方设有东西方向的高架桥，交叉口区域面积大且形状不规则，交叉口处还设有桥墩立柱。交叉口不仅交通流十分复杂，视野也存在遮挡问题。

一方面，较大的交叉口区域为车辆提供了过多的自由行驶空间。人行横道和机动车停止线离交叉口太远，给车辆留下较长的驶入交叉口的空间，如图 6-111 所示。该交叉口有一个面积很大的未定义的空间，机动车的行驶路径有很大的操纵空间，在交叉口不受指引的行驶会导致驾驶员花更多时间做出判断并找出正确的方向，这样可能会引发交通冲突。交叉口不对齐和指引缺失使这一问题更加复杂。

另一方面，交通环境对行人不安全。行人过街需要穿越较长的距离和多个车道的多股交通流，一些人行横道并不是过街的最短路径，使交叉时间更长。在交叉口处西北角与东南角的左转渠化道由于此交叉口面积大与夹角的原因，导致转弯半径过大，

图 6-111　地面标线区域减小了渠化岛的面积，过街横道连接地面标线而非渠化岛

图 6-112　左转车道较大的转弯半径使得车辆加速通过

机动车可以高速转弯通过，对不受信号灯保护的行人过街行为产生威胁，如图 6-112 所示。

此外，交叉口处东南角的行人信号灯不能够正常工作。在交叉口西北角，由于植被和电线杆设置的原因，人行道可通过区域仅 0.5 米。

对于此交叉口过大的问题，建议如图 6-113 所示。

（1）调整所有人行横道至最短最直接的路线，并使过街人行横道直接与中央分隔带或安全岛相连。

（2）提供更多的人行道空间，并通过缩窄东北角和西南角的两条渠化车道至 4 米宽，减少转弯半径，以扩大行人安全岛的面积。

（3）增加行人等候区面积，将东北角、西北角、西南角的三个渠化岛扩展至地面标线区域。

（4）减小东南角的转弯半径，降低左转车辆的通行速度。

提供地面引导线，引导车辆通过交叉口。

（5）在小型道路的入口安装凸起式人行横道，确保车辆让行行人及主路交通。

（6）修理损坏的行人信号灯。

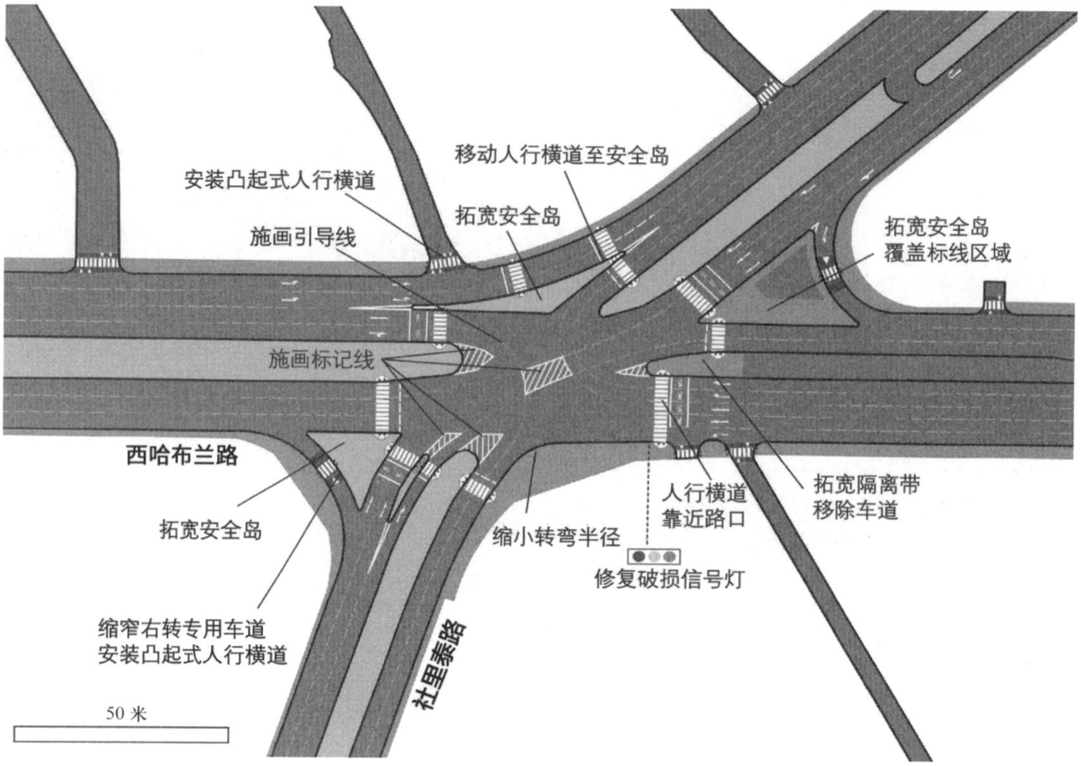

图 6-113　西哈布兰路—杜里泰路交叉口主要建议

6.7　校区道路安全

儿童作为道路使用者中的弱势出行群体，其出行的安全性一直受到重视。世界卫生组织发布报告称，仅 2016 年，伤害和暴力行为造成全球超过 64 万 0 ～ 14 岁儿童死亡，占全部儿童死亡数的 9.6%，其中非故意伤害所占比重超过 90%。在全球 5 ～ 19 岁的儿童、青少年群体中，交通事故成为第一大杀手。如果排除疾病，交通伤害是儿童第一大的死亡原因，这一点无论对高收入国家还是中低收入国家都不例外（WHO，2016）。

我国儿童的出行安全也值得重视。中国疾病预防控制中心、慢性非传染性疾病预防控制中心及全球儿童安全组织发布《中国青少年儿童伤害现状回顾报告》（2017）中指出，2010—2015 年期间，伤害是我国 0 ～ 19 岁青少年、儿童死亡的首要原因，占所有死亡的 40% ～ 50%。其中道路交通伤害在 0 ～ 19 岁青少年、儿童中为排名第二的伤害致死原因，在 15 ～ 19 岁青少年中为排名第一的伤害致死原因，如图 6-114 所示。与发达国家不同，我国仍有相当数量儿童每天以步行、骑行或乘坐电动两轮车的方式通勤。例如，北京约有三分之一的中小学生步行上学、放学，约有 20% 的学生骑自行车或乘坐电动自行车上学、放学（全球儿童安全组织，2018）。这些出行手段缺少保护，危险性较高，一旦发生交通事故，儿童容易沦为受害者。

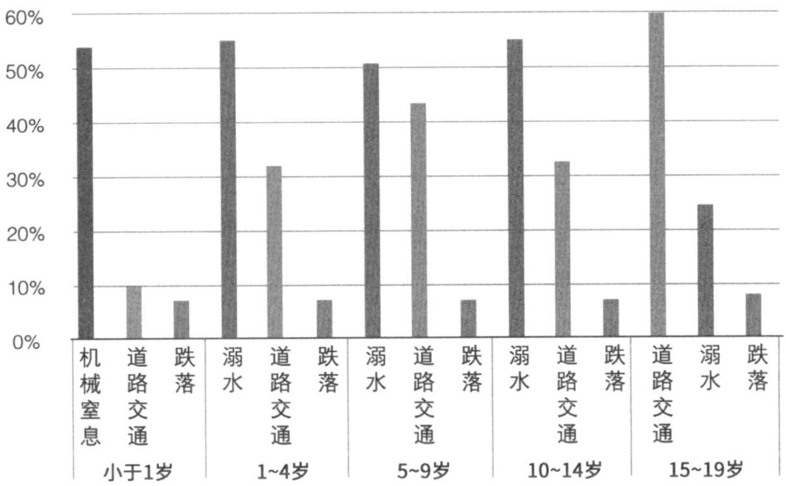

图 6-114　2010—2015 年中国 0 ～ 19 岁各年龄段人口伤害死亡的主要原因

儿童之所以被列为交通安全中的弱势出行群体，有其自身的原因。儿童的脆弱性和风险体现在以下几个方面。

（1）身体脆弱：与成人相比，儿童身体承受撞击力的能力较弱。

（2）感官受限：儿童的视觉、听觉等感官尚未发育完全，而道路系统通常只为成人设计，并未考虑儿童因素。

（3）缺少判断：儿童对交通环境、规则缺少认识，尚未具备成人的分析、判断、决策等能力。

（4）易于冒险：儿童较易做出冒险行为，尤其是在有同伴鼓动的情况下。

（5）忽视环境：儿童的注意力集中到一个兴趣点时，会忽略周围的环境。

儿童的出行环境可以分为车内环境和车外环境。车内是一个受保护的环境，安全带、安全气囊、儿童安全座椅等设施可以保护儿童乘客安全。但车外出行环境——包括步行、骑自行车、乘坐电动自行车的儿童——则鲜有安全保障，事故一旦发生，儿童将直接以身体承受撞击的动能，后果不堪设想。在城市环境中，儿童出行的更大威胁主要来自车外环境，即道路环境。

儿童使用道路的方式具有多样性。步行、骑自行车、坐公交车或者在路边玩耍，都是儿童可能使用道路的方式。儿童的视线较低、视野范围较窄，加上前述的风险因素，导致他们在使用道路时比成年人更易遭受事故伤害。因此，在儿童较多的区域，降低车速、避免复杂车流尤为重要。

有关儿童交通安全的讨论关注较多的是行为规范，如佩戴头盔、系安全带、使用儿童安全座椅等。这些措施的确对儿童安全有所助益，但大多只能顾及汽车内的儿童乘客，对于儿童的日常出行则起不到作用。

6.7.1 校区道路常见安全问题

上学、放学的过程由于组织方式多样，道路条件复杂，成为儿童出行最受关注的方面。同时，学校上学、放学途中是否安全，也是父母让孩子步行上学、放学的最重要顾虑之一。下文从道路设计的角度，结合校区周围的安全问题，讨论校区道路常见的安全问题。

1. 校区道路过街

大部分学校距离繁忙交叉口较近，穿越交叉口时的安全隐患是学校周边交通安全的关注重点。

在大部分情况下，当交叉口紧邻学校时，行人过街受信号控制且未提供降低车速的措施。此情形使得行人流量高的区域人车冲突较为严重，极易引发交通事故。在行人流量和车流量较大的交叉口采取信号控制并设计相应的减速措施，可以消除行人过街时与机动车的冲突。该办法可以保障行人过街的安全性，因为驾驶员降低了车速。

交叉口面积过大同样会导致行人过街距离过长且无法采取保护措施。在许多主干道上，行人过街缺少中间安全岛和相应的信号控制，地面标线模糊不清且并未采取车辆减速措施保障行人安全。诸如此类未采取保护措施的行人过街方式，将行人暴露在高车速的环境中，增加了发生重大交通事故的风险，也不利于弱势出行群体特别是儿童通行。减少交叉口面积可以减少交通事故，合理的交通组织可以缓解交通拥堵，缩小路缘转角半径可以降低转弯车速。对于多车道、路幅较宽的道路，需提供便于行人二次过街的安全岛。在交叉口内部，可采用适当的车道标线、转弯导线和停止线等，进行有效的交通组织。

许多学校前施划了人行横道，方便学生上学、放学时过街，然而由于缺乏物理措施，仅施划人行横道标线并不能保护学生过街安全。一些学校虽然在接送时段安排了专门人员管理，但是车辆超速仍威胁学生过街安全。行人穿行量大且车速过快，加剧了人车冲突，极易引发交通事故。应为学校前的行人过街提供减速措施，如设置减速垫和加高人行横道。这些物理性措施可以降低车辆的速度，使过街更安全。在学校门口过街处应将路缘拓宽，或在早晚上学、放学高峰期用临时护栏的方式，尽量缩短学生的过街距离，并有效降低过往车速，保证校区道路安全。

2. 校区道路设计

中小学学生上学、放学的时候，家长通常会在校门口接送，但是多数中小学校门前场地狭小且空间局促，并未给停车预留充裕的空间。上学、放学时段大量涌出的学生与在门口等待的家长会造成校门口人群过度聚集且秩序混乱。同时，接送学生的自行车、摩托车和小汽车等堵塞校门前场地、机动车道和非机动车道，这不仅造成了拥堵，

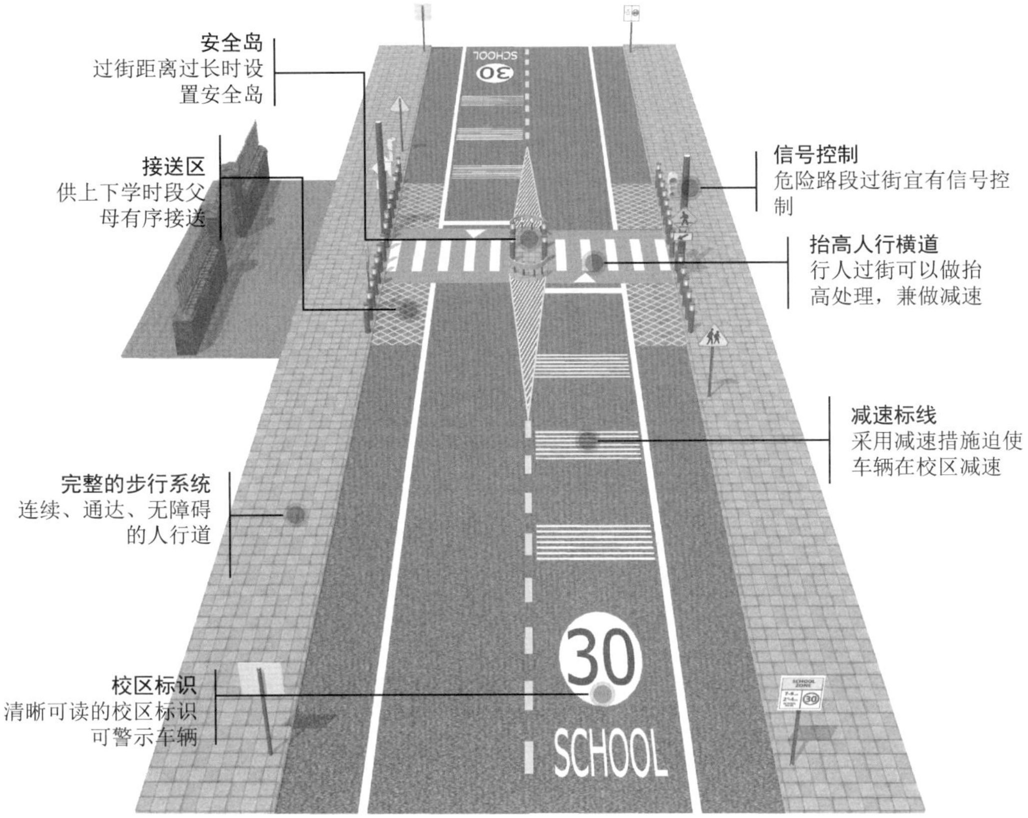

图 6-115　校区路段设计示意图

还带来了严重的交通安全问题。因此，如何解决学校区域道路安全问题变得尤为关键。

对学校区域道路需要有针对性的设计，保障学生在上学、放学路上及学校周边的交通安全。理想的校区道路设计应在学校区域开始和结束的位置设立相应标志并标明限速，提醒驾驶员进入学校区域，具体应包含以下元素（图 6-115）。

在路面绘制清晰的学校区域及限速路面标识，使驾驶员提高警惕、减速慢行。

设置干净平整的路面，并且保障人行道有足够的宽度。

在学校区域驶向校门的机动车道上设置减速带，提醒驾驶员减速。

在过街处设置触发式信号灯，同时设置凸起的人行横道，降低交通速度、增加可视性并使行人易于过街。

（5）在校门附近的路段设置停车区，为等候的家长提供等待区域，保障停车不阻塞校门。

（6）在靠近校门的区域设置临时性的载客区，使学生能够在此区域上下车，并禁止在此区域停车占用道路。

图 6-116　上学、放学时学校门口人流车流聚集，导致拥堵及秩序混乱

3．上学、放学高峰时段学校门前及周边的管理

在高峰时段内，学校门口通常会出现严重的交通拥堵和混乱，如图 6-116 所示。接送学生的车辆是造成拥堵的原因。由于多数学校门口未指定或未预留等候区域，校门出入口的主要通道被家长用于等候。该问题在等候车辆种类混杂、交通高峰段以及学生涌出校门同时发生时变得更为复杂。由于缺少车辆的等待区域，等待学生的摩托车和汽车占据行车道并造成道路瓶颈。家长接送学生的非机动车及机动车的停放占据了学校门口的疏散通道。部分家长将非机动车甚至机动车停放在正对学校大门的通道上，阻挡了过街的学生人流及视野，不利于学生迅速疏散、过街。该情形增加了冲突概率，极易引发交通事故。

建议重新设计学校门前的通行权，指定家长接送学生的等待区域和停放车辆的区域，在不阻挡学校大门的情况下接送学生。指定区域也可以设计为临时方案，仅在接送时段使用。

4．学校组织管理及引导（教师引路、临时交通秩序维护）

学校开展的安全步行计划对保持基本的安全水平十分重要。部分学校设有接送时刻表和专门管理人员，而在多数情况下，学校未对不同年级、班级放学进行分时段组织管理，各年级学生一般同时离开学校，使有限的校门口空间变得更加混乱，学校区域的路段变得更加危险。

建议学校按不同年级、班级制定接送时刻表，确保家长可以快速、及时地接走学生并提高接送效率。若条件允许，建议学校安排管理人员在接送时段内引导或组织学生过街并引导车辆通行，最大程度地降低学校周边上学、放学时段的交通危险。应配合在校门口安装隔离栏和交通锥等临时设备，防止过多车辆停靠在校门口及校门口过街处，有效保障学生过街。

有条件的学校可以开展“安全上学路”计划。该计划采用系统化的措施确保学生的安全。例如，成年志愿者和教师可以带着学生回家，帮助他们穿越危险的路段和交叉口。学校班车也是一项较为安全的措施，可以减少接送时段各类车辆的出行需求。

5. 背街小巷安全问题

学生步行上学、放学的很多路径会经过市政道路外的背街小巷，如住宅小区内道路、胡同等。这些小巷通常路路幅较窄、车辆较少、人车混行且速度较慢，可以为学生上学、放学提供更便捷的路线，是学生上学、放学路径中需求较大的选择。大多数小巷为居住用地，车辆较少，噪声较小，较适合步行。

但是，这些小巷由于缺少管理以及针对行人使用的安全设施，也存在一些问题。

（1）虽然小巷路幅较窄，小汽车不足以快速通行，然而电动车、自行车等车辆则可以以较快速度通过，会降低步行的安全性。小巷路幅狭窄，不足以采取物理措施将行人与车辆隔离。

（2）由于被建筑物包围且道路狭窄，小巷内部的交叉口处视野较差。

（3）小巷连接主要街道的出口处往往有建筑或者围墙遮挡，能见度很差，驶入或驶出的车辆较容易与沿主街运动的行人或自行车产生冲突。

（4）夜间照明缺乏，可能由于视线较差导致安全隐患。

在许多学校，可以选择适合步行的指定小巷作为上学、放学路线的一部分，并针对指定的小巷进行集中安全改造。例如，可以在指定作为安全上学、放学线路的小巷施划特殊的道路标记，引导学生使用并提醒穿行的车辆。关于被选为安全上学、放学路线的小巷的改造建议如下。

（1）在道路平坦、笔直的小巷中放置一些植被、座椅或装饰等，打破小巷的直线形状，从而降低非机动车的行驶速度。

（2）在视野较差的小巷交叉口处，可通过添加道路标记、加装彩色铺面以及反光镜来改善可视性，提醒通过者观察并减慢速度。此外，在一些交叉角落添加植物或其他明显的障碍物，可以提醒道路使用者注意交叉口。

（3）在小巷连接主要道路的出口处安装减速带，可以降低摩托车驶出出口的速度。同时，凸起的人行横道可以使人行道更连续可达，步行更加舒适。

6.7.2　专栏：上海市黄渡绿苑路旁同济黄渡小学改造案例

同济黄渡小学位于上海市嘉定区黄渡绿苑路北段，在同济大学嘉定校区南侧，毗邻黄渡中学，如图 6-117 所示。周围用地以居住用地、工业用地、绿地与广场用地为主。同济黄渡小学学校门口为黄渡绿苑路，设双向 4 车道，西侧设有非机动车道与隔离带，

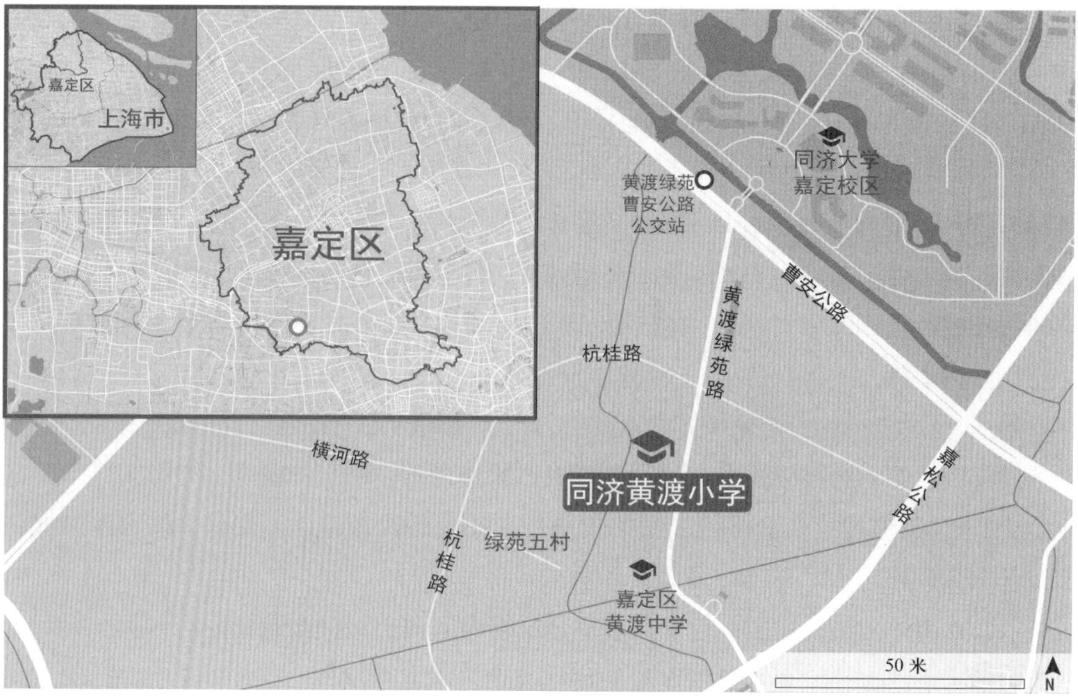

图 6-117　同济黄渡小学区位

东侧最外侧设机动车停车带。学校段限速为 30 千米 / 小时，然而现场测速显示，平峰时段多数机动车通过学校段的速度高达 50 ～ 60 千米 / 小时。

该学校门口路段在学生上学、放学时较拥堵。早高峰通常为 7：00—7：30，晚高峰通常为 16：00—16：30，放学时的情景如图 6-118 所示。综合以下因素，排查组认为目前的早晚高峰无突出的安全问题。

（1）高峰时机动车速度较慢，且过往驾驶员观察到上学、放学情况后驾驶谨慎。

（2）高峰时，每方向的机动车通行车道仅有一条，从而进一步降低了车速。

（3）学校门口有专门人员维护交通秩序，机动车与行人交替通过。

（4）学生分批次疏散，且疏散效率较高，整个过程持续仅约 30 分钟。

（5）机动车排队并未影响到上游路口。

（6）多数家长停车在合理范围内，并未与过往车辆发生严重冲突。

除此之外，同济黄渡小学门口存在有几处安全问题仍待改进。

（1）家长的非机动车停放影响了学校门口的疏散通道。部分家长将非机动车停放在正对学校大门的通道上，阻挡了过街的学生人流，不利于学生迅速疏散、过街，如图 6-119 所示。

（2）学校门口的机动车停车位过于靠近出入口，会阻挡过往车辆及行人的视线。且停车位与人行道之间没有隔离带分隔，如图 6-120 所示。

图 6-118　同济黄渡小学放学时情形

图 6-119　家长停车阻挡疏散通道

图 6-120　校门口的停车位过于靠近出入口，且与人行道无物理隔离

学校门口虽然机动车限速为 30 千米 / 小时，但无任何减速措施。现场测速显示，多数过往机动车车速为 50 ～ 60 千米 / 小时。

针对以上问题，改善建议如下。

（1）应在学校门口留出一段疏散通道，不被停车阻挡，便于学生等待过街及快速疏散。同时，应进一步规范电动自行车停车，可以将靠近学校门口及学校门口对侧的几处机动车停车位改为接送专用的电动车停车位，如图 6-121 所示。

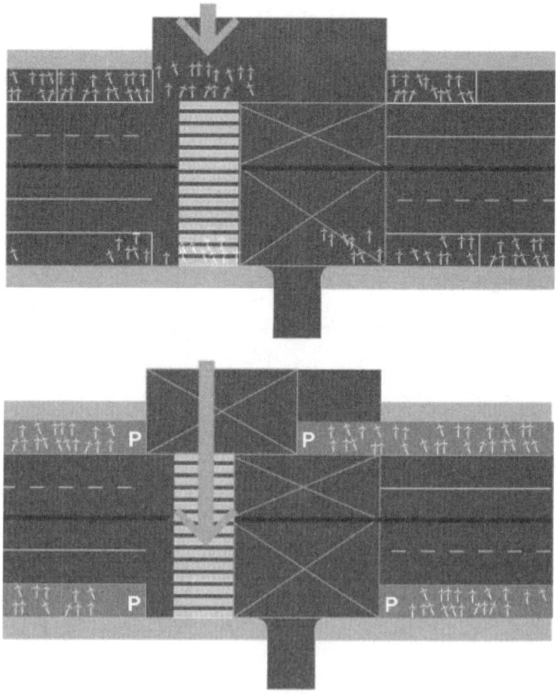

图 6-121　同济黄渡小学门口电动自行车现状（上）及改善方案（下）

（2）将最靠近学校门口的停车位移除，在停车位和人行道间增设隔离带。

（3）安装减速坡等稳静设施，降

低过往机动车车速。

（4）安装触发式行人过街信号灯，在有行人过街需求时，确保行人优先通行。

6.7.3　专栏：首尔的校区安全改造

韩国的儿童交通事故治理在过去 20 多年间取得了巨大成效。儿童交通事故死亡人数从 1988年的 1766 人下降到 2012 年的 83 人，降低了 95%（Sul，2014）。韩国的成功是因为自 1995 年以来实行了一整套项目，联合道路安全法规、教育和街道环境共同促进儿童交通安全。以首尔为代表的韩国城市在校区道路改造方面有许多成功经验（图 6-122）。

在韩国导致儿童死亡的交通事故中，步行儿童死亡比例最高（65.1%）。城市道路是儿童死亡交通事故的高发地，占该类事故的 64.8%。涉及儿童的交通事故的高发期集中在下午 4 点至 6 点。导致儿童死亡的道路交通事故高发于上午 8 点至 10 点，下午 2 点至 4 点。韩国在全国范围内针对儿童交通安全进行了系统性改善，主要包括以下措施：

（1）强化儿童交通安全相关的法律法规配套建设。

（2）改善校区的道路环境（截至 2012 年改善了 9021 个）。

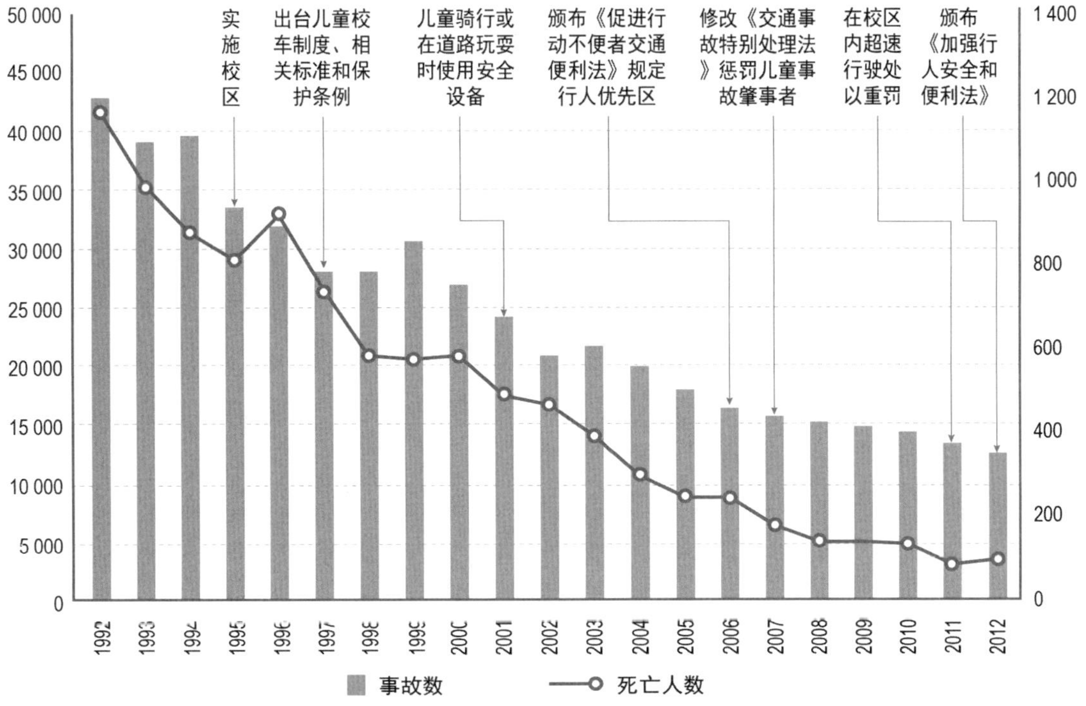

图 6-122　韩国儿童交通安全政策发展与涉及儿童的交通事故、死亡人数变化

来源：KOTI，2014

（3）扩大校区的划定范围。共涵盖 7065 个地点，包括 141 所残疾人学校和 1652 个注册人数在 100 人以上的日托机构。

（4）加强校园道路安全教育。

（5）规定 6 岁以下的儿童在乘坐汽车前座时需使用儿童安全座椅。

（6）加强儿童校车安全监管标准。

在法律法规层面，韩国政府基于人、车、路因素完善了一系列提升儿童出行安全性的法律法规。1995 年 1 月 5 日，韩国修订《道路交通法》开始实施校区制度以保障儿童道路安全。政府自 1997 年政府出台了儿童校车制度、相关设施设备标准和特殊保护条例。2001 年，政府修订相关法律，要求儿童的看护人应确保被看护的儿童在骑自行车或其他交通工具在道路上玩耍时使用安全设备。法律还规定了警察有义务确保在道路上玩耍或行走的儿童的安全。2006 年，通过颁布《促进行动不便者交通便利法》，韩国规划了行人优先区，并使用财政补助支持引进低地板公交车。2007 年，韩国对《交通事故特别处理法》进行了修订，对开车造成儿童身体伤害的司机，无论是否有保险或互助金，都要进行处罚。2011 年，韩国对《道路交通法》进行了修订，规定对在校区内超速行驶（超速高于 20 千米 / 小时）的肇事者要加重罚款和扣分。2012 年，韩国颁布的《加强行人安全和便利法》进一步完善了保护包括儿童在内的所有行人安全的体制框架。

在道路设施改善方面，韩国主要以“校区”为单位开展“校区改善项目”。该国《道路交通法》第 12 条“儿童保护区域”规定：幼儿园、小学、特殊学校、私立学校等教育机构或人数超过 100 的托儿所是划定校区（school zones）的机构类型。以这些目标机构的主要出入口为原点，半径 300 米范围内的道路区域被划定为校区（图 6-123）。在校区内，机动车行驶速度不得超过 30 千米 / 小时。校区内的主要安全措施和规定如下。

（1）在校区主要出入口处设置醒目的交通标志和安全标志。

（2）地区警察或相关机构应优先安装和管理校区内的交通信号灯，并依据儿童、老人和残疾人的平均步行速度确定绿灯时间。

（3）学校附近的道路建立行人专有路权，并利用清晰的标志区分人行道和车行道。

（4）学校附近的道路需使用 30 千米 / 小时的限速和减速带等交通稳静措施降低车速，并安装如校区道路标志、反光镜、减速带、防滑设施、防护栏等附属设施，进一步保护儿童。

（5）学校主要出入口 300 米之内需要安装交通信号灯和限速标记。在“校园地带”内的道路上刷上“校园地带”和“保护儿童”等字样，提醒驾驶员小心通过。

图 6-123　首尔一学校附近的街道标志标识、人行道护栏创造安全步行环境
来源：cm.asiae.co.kr

（6）通往学校主要入口的道路上禁止停车，降低了车辆停靠时和儿童接触的可能性。

“校区改善项目”产生了非常积极的效果。截至 2012 年，韩国已划定超过 15 000 个校区，并在 9021 个校区实施了道路改造。根据韩国交通研究所的估算，仅这一个项目就能使校区内的儿童交通事故每年减少 32%。城市每增加 100 个的校区，就能减少涉及儿童的事故 17.8 起。2008 年的一份横向对比研究显示，相比没有实施改善项目的同条件校区，实施了该项目的校区减少了 39% 的交通事故（KOTI，2014）。

为降低儿童交通事故的发生，韩国还加强了在校儿童道路安全教育。政府通过修订小学教育课程来确保各年级安全教育时长满足 21 ～ 23 小时的要求，并将每月 4 日定为安全检查日。同时韩国实施了一校一警、一校一消防员的制度，为教师和学生家长提供安全方面的培训以提高道路安全教育人员的能力，并举办如儿童安全训练营等与安全相关的体验式项目。

在韩国，校车被用作接送儿童往返幼儿园、托儿所以及私人学校的常用交通工具。学龄前或小学儿童是乘坐校车的主要人群。为确保儿童的道路安全，并减少涉及校车的儿童交通事故数量，韩国政府于 2014 年 1 月对《道路交通法》进行了修订，增加了校车强制性报告制度的有关规定。该修订法案于 2015 年 1 月 29 日起正式实施。

最后，全国性总体规划是确保儿童安全问题稳步解决的基础。韩国在第七次《国家交通安全总体规划》第六章“交通安全措施的执行策略”中给出了在 2016 年以前将儿童道路死亡人数减少到每年 80 人的建议。同时，安全和公共管理部和本地政府自 2012 年始，通过划定老年和残疾人群体保护区域、为行动不便者安装安全防护设施以及提高校区的安全效度等方法，来确保对行动不便者保护区进行系统维护。通过将上述措施相结合，韩国在 24 年的时间内，成功将儿童交通事故死亡人数降低了 95%。

第7章 结论与建议

道路交通安全是影响全球及我国城市居民生活质量和生命健康的重大挑战。城市道路在交通安全“人、车、路”交通系统中提供基础条件，具有重要意义。在我国城市道路基础设施存量庞大、增量持续的背景下，城市道路建设更需强调“一步到位的正确”，即在早期规划、设计与建设阶段就能确保其安全性，避免不安全的设计，降低可能的事故风险，减少后期整改成本。

道路安全审图与排查技术正是为保证道路交通基础设施安全性尽可能“一步到位正确”而产生的技术体系。其核心思想在于“预防胜于治疗”，在工程项目早期阶段或者日常养护时采用此类方法，能以最经济有效的方法解决道路安全问题。将道路安全排查方法应用在城市道路，改善城市道路安全性能，是推进以人为核心的新型城镇化的有益探索。

本书以适用于城市道路的道路安全审图与排查技术为研究对象，重点阐述了三个研究问题：一是以“零伤亡愿景”与“道路安全系统方法”为重点论述道路安全治理思路的演变，为道路安全审图与排查两种技术方法提供理念支撑；二是阐述国际上较为通用的道路安全审图与排查方法体系和操作流程，奠定方法基础；三是阐述城市道路环境中常见的安全问题、解决思路，并介绍相关案例。本书以车速管理、路口改造、公交系统及其可达性、自行车设施、城乡接合部道路、校区道路、城市中心区道路、过境公路及快速路等为主题展开探讨，并对道路安全措施的实施效果进行讨论和评估。

7.1 主要结论

7.1.1 道路安全治理思路的转变

解决道路交通事故问题的思路理念在以“零伤亡愿景”和“道路安全系统方法”为代表的政策中体现了新的变化：由“被动应对”“道路使用者担责”“单部门管理”向“主动预防”“道路提供者与使用者共同担责”“多部门综合治理”转变。“道路安全系统方法”的核心理念在于交通系统应该创造一个宽容的环境，最大限度地降低由错误导致事故的可能性及事故的严重程度。

“道路安全系统方法”在发展中国家也可以施行。其核心原则在于：设立牵头统筹部门，明确目标并依靠数据决策，确立工作重点与行动计划，以及监测和评估干预措施。

“道路安全系统方法”强调，虽然用路群体的错误行为是事故发生的必要条件，但道路条件是重要的环境基础。安全的道路环境应满足两个要求：一是能降低道路交通事故发生的可能性，即降低事故频率；二是即使道路使用者偶然发生错误行为，道路条件能有效避免产生严重的事故后果，即控制事故严重程度。简而言之，道路环境应该有足够的容错度；在用路群体产生轻度错误行为时也不至于引发致死或重伤的严重事故。基于此，用于判别、改进道路安全性能的方法体系对于提升道路交通安全具有重要意义。

7.1.2 道路安全审图与排查技术原理

城市道路安全排查及审图技术对保障城市道路安全具有重要效益，是一种低成本高收益的技术方法。此类技术能在新建项目处于设计阶段时，或在建成道路定期改造时识别出安全问题，用最小的成本将安全隐患消除，其效益通常高于道路实施后的补救。

道路安全审图与排查的适用项目涉及处于规划、设计、施工、调试运营及运营中（建成后）的各类道路交通工程项目，包括大中小型城市道路建设项目、城市规划项目、城市道路安全改善项目、城市道路日常养护翻修项目、公交系统建设项目等。

道路安全审图与排查的基本流程包括前期、中期与后期三部分。前期流程包括立项与团队组建、资料收集与分析；中期流程包括现场踏勘与调研、团队交流与讨论；后期流程包括报告撰写与汇报、问题上报与解决、措施实施与跟踪等。

道路安全排查工作应具有独立性，应由独立于业主与设计顾问的安全审图与排查小组完成，以利于提升结果的客观性及参考价值。城市道路区别于公路环境的主要特征是道路交通构成群体多元、交通流线复杂、街道环境均质性小，这些特征需要在城市道路安全审图与排查时重点考虑。

7.1.3 使用道路安全审图与排查保障城市道路安全

城市道路安全改善的工程措施应因地制宜考虑。城市环境下道路安全审图与排查的常见应用情境可以按“面 - 线 - 点”来分类。

首先，在“面”的层面，城市中心区与城乡接合部环境的道路安全问题具有不同特点。城市中心区由于人、车、路、救援体系的相对完善，平均车速相对较低，其交通安全改善重点在于步行、城市中心区、公交可达性、过街设施等的更新升级；而城乡接合部由于发展时间短、设施缺失、管理较为缺乏，需要用更快、更经济的方式降低事故和死亡，同时也要关注交通性道路穿越生活性城区的问题，对道路进行适应性改造。

其次，在“线”的层面，城市交通中常见的弱势出行群体有行人者、骑行者、公共交通使用者、机动与电动两轮车使用者四类群体。城市在推进可持续交通和道路安全提升时，应重点关注弱势出行群体的安全。除了技术措施以外，应重点关注系统性问题，具体包括以下几点：一是各出行系统的完整性、连续性、无障碍性；二是出行系统之间的冲突，以及出行系统与建筑、绿化、公共空间等系统的冲突；三是出行系统的优先级，即建立步行＞自行车＞公交汽电车＞小汽车的通行优先级，并切实落实在道路设计上。

最后，在“点”的层面，城市道路的安全排查及改善应重点关注事故或冲突高发的路段和地点，以及弱势出行群体比较集中的路段，尤其应注意路口安全和校区安全问题。

7.2 建议与展望

本书是对城市环境下开展道路安全排查与审图技术方法的初步探讨，主要论述国际上道路安全的新理念及道路安全排查与审图的操作方法，以期为我国开展类似工作奠定研究基础。同时，本书也有若干主要不足：一是未尝试建立适用于我国城市道路的道路安全排查及审图技术体系；二是在城市环境的应用中也未能纳入过境公路、快速路等道路类型。作者希望在未来的研究中增进对这些不足的认识，完善现有知识体系。

道路交通安全是城市环境的试金石，关系到每一个城市居民的出行品质、生活质量和生命健康。采用新型理念与技术方法将有助于保障城市道路交通安全、重塑城市出行环境、增进绿色健康出行方式比率。在我国城市环境下，应重点考虑以下几个方面。

（1）积极引入国际先进理念与方法，促进道路安全改善的思路转变。对于道路安全问题的解决应采用“主动式预防”思维，加强安全道路环境建设，提升弱势出行群体的安全性。

（2）形成职责明确、多部门合作、以数据为基础的“道路安全系统方法”体系。在国家与城市层面设立道路安全改善的牵头统筹部门与合作部门，明确道路安全目标并依靠数据决策，确立工作重点与行动计划，监测和评估道路安全干预措施的效果，系统性改善城市交通安全。

（3）在现有城市道路与交通工程中引入道路安全审图与排查机制，研究城市道路的安全评价体系等相关问题，改善现有标准、规范体系中不符合道路安全的内容。针对城市大中小型道路建设项目、城市规划项目、城市道路安全改善项目、城市道路日常养护翻修项目、公交系统建设项目等工程开展道路安全审图与排查，能提升道路交通工程的安全性，降低使用后的纠错成本，为数量庞大的基建项目保驾护航。

（4）开展针对现有道路项目的安全评价，系统总结梳理城市道路环境中常见的安全问题。加强数据分析的作用，评估安全措施在应用情境下的安全效益、成本效益等，为城市道路改进创建工具库。

附　录

安全排查踏勘检查清单

附表 1　安全排查踏勘检查清单

路段：检查路段，避免出现导致严重正面和侧面碰撞的不利情况。

项目	踏勘要点
横断面	● 边沟设计是否安全？检查沟渠横断面
护栏和撞击缓冲装置	● 所有的暴露区域是否有保护？安全区内是否有必须移除的设施？如岩体、陡峭的边坡、树、立柱、凸出的孔道、变电箱。是否可以采用护栏保护？ ● 通过较缓的边坡、清除危险物品或者使用立柱式或悬挂式让行标志，是否可以减少安全区内护栏的使用？护栏的使用是否符合规范？是否正确选择护栏或撞击缓冲装置类型？ ● 在护栏后是否有足够的变形空间？护栏的变形程度通常与车速和护栏类型有关。 ● 在路堤顶部边缘、转弯半径小于 150 米的平曲线以及过渡到硬隔离的渐变段，是否选择较小的护栏间距？ ● 护栏是否固定或偏斜？ ● 护栏设计和位置是否合理？ ● 护栏是否会降低可视性？
隔音	● 隔音设施是否会降低可视性？ ● 在道路安全区内设置隔音设施是否考虑驾驶安全？是否存在车辆撞上护栏的风险？
照明	● 所有需要路灯的交叉口和路段是否有照明设备？道路上是否有因缺乏照明设备而存在危险的区域？ ● 路侧照明设备是否会导致误解？ ● 是否正确选择照明亮度？照明亮度是否满足规范要求？ ● 照明设备是否会引起误解？需检查对齐情况。 ● 在安全区内是否选择设置悬挂式让行标志？ ● 照明设备、交通标识及标志是否相互冲突？ ● 步行和骑行道路是否照明充足？步行过街点的照明是否良好（推荐道路两侧均配置照明设备）？

标志和标线	● 交叉口、隧道及收费站之间是否有充足的间距容纳标志标线和车道等变换？用路者是否有足够的时间接收信息？ ● 是否会对用路者产生误导？ ● 是否考虑标志数量与感知能力间的关系？ ● 交通标志的位置是否合理（不阻碍视线）？ ● 弯道处是否需要交通标志？ ● 禁止通行的区域是否有明确的标志标线？ ● 交通标志的尺寸是否正确？是否采用反光材料？ ● 标线是否完善和正确？是否应该使用凸起的车道标线？
植被	● 植被或地形特征是否会阻挡驾驶员视线？是否考虑植被未来的生长？植被对行人和骑行者可视性极为重要。 ● 是否存在车辆撞上行道树的风险？在未来，在限速 60 千米 / 时或以上的道路安全区内是否会存在直径超过 10 厘米的行道树？ ● 是否能维护路侧区域的安全性？

交叉口：检查交叉口，避免出现导致重大交通事故的不利情况，尤其是侧向碰撞。

交叉口类型和设计	● 就交通安全而言，交叉口选型是否合理？关键因素包括年平均日交通量（AADT）、车速以及区域类型。 ● 是否考虑不同类型车辆需要的空间？路缘线内是否有充足的车辆悬伸空间？相交道路的夹角、交叉口转角半径及车道宽度是否合理？ ● 超高设计是否能够有效避免重型车辆侧滑或倾覆？ ● 是否考虑了交叉口照明？
可视性	● 所有交叉口的可视性是否良好？应绘制视距三角形。道路曲率、植被、隔音设施、护栏及其他道路设备均可能阻挡驾驶员视线？
标志	● 交通标志是否正确、合标？交通标志是否可视性良好？尤其要检查指示标志。 ● 交通标志的尺寸是否正确？是否使用了正确的反光材质和安装设备？
标线	● 交叉口的交通标线是否正确和完备？

行人和自行车设施：检查行人和自行车设施，避免出现导致弱势出行群体重伤的不利情况。

行人和自行车道路网络的完整性	● 新建道路是否造成行人或自行车绕路？ ● 规划的行人或自行车设施是否安全？设施与空间是否充足？ ○ 非机动车道或人行道是否连续？目前和未来的需求均要被满足。 ○ 不建议对行人和非机动车道进行路侧改造。 ○ 在规划中是否包括主要的非机动车道？ ○ 现有设施类型是否合适？城市是否设置非机动车道？ ○ 学校周边道路是否设有安全的人行道和非机动车道？ ○ 是否考虑无障碍设施？
过街	● 过街点的位置是否根据行人和自行车的动线合理布设？ ● 考虑车流、行人和自行车流及车速等因素，规划的过街点是否足够安全？ ○ 采用平面过街还是立体过街？ ○ 规划的平面过街是否符合《自行车手册》要求？ ○ 过街点的可视性是否良好？需检查相关的植被、停车位、隔音设施、安全隔离等对过街点的遮挡。 ○ 过街点的照明是否合理（推荐行人过街两侧均设置照明）？ ○ 是否需要采取交通稳静措施？ ○ 在过街点是否安装了缘石坡道？

线形	● 人行道和非机动车道平曲线和竖曲线的设计是否合适？ ● 方案是否对弱势出行群体合理且便利？ ● 线形设计是否符合规范？需要检查坡度
可视性	● 在设有步行和自行车设施的道路上，交叉口或进口的可视性是否满足要求？要特别关注下穿式立交
标志与标线	● 指示标志是否明确？在交叉口检查指示标志或标线。 ● 让行提醒是否明确？检查交叉口的标志和标线
隔离	● 行人和自行车是否与其他车流有效分离？在需要设置隔离的位置是否设置护栏或隔离栏？隔离的设计是否合理？ ● 行人和自行车流是否能支持分别铺装？

桥梁：检查桥梁，避免出现导致重大事故的不利情况。

线形设计和曲率	● 桥梁和道路两侧的线型是否满足车速要求？ ● 是否检查凸形竖曲线处的视距？评估凸形竖曲线发生拥堵和停车的可能性
交叉口	● 桥尾是否有交叉口和匝道？必须检查在既有限速下的可视性和线形设计（护栏或者桥栏板会降低可视性）
行人与自行车	● 是否有效解决行人与自行车的通行问题？
桥梁立柱	● 车辆是否可能撞上立柱（如车辆在桥下道路通行时）？
风和驾驶情况	● 是否存在侧风很强的风险？ ● 是否存在困难驾驶的风险（如桥头跳车或在桥梁弯道行驶）？
照明	● 桥梁是否应配置照明设施（应根据桥梁每侧的情况进行评估）？
栏板	● 栏杆设计是否符合规范？ ● 是否能较好地实现桥栏板与道路护栏间的过渡？ ● 护栏是否固定或偏斜？

隧道：检查隧道，避免出现导致重大交通事故的不利情况。

概况	● 是否选择了合适的隧道等级？ ● 是否在单管隧道上下坡时设置了辅助车道？ ● 是否预留了充足的空间设置道路辅助设施（如标志等）？
曲线	● 平曲线和竖曲线设计是否符合规范？ ● 弯道处的可视性是否良好？ ● 隧道外的道路是否将车辆自然引导至隧道？需要检查平曲线和竖曲线，防止车辆撞上隧道入口以及眩光？
行人和自行车	● 是否考虑了行人和自行车？
交通自动控制（ATC）	● 是否计划使用 ATC？ ● 是否有车辆撞上 ATC 设备的风险？在这种情况下是否能够单独安装 ATC 设备？
隧道入口	● 隧道入口的设计是否满足所有类型车辆的安全需求？推荐采用漏斗形和高度递减。 ● 是否存在车辆与隧道顶和墙碰撞的风险？ ● 隧道入口区域是否需要安装护栏？护栏是否固定或向隧道内部和外部延伸？

紧急停车	● 是否规划足够的紧急停车和转弯的可能性？相应的设计（位置、可视性和长度）是否合理？
设备和交通标志	● 隧道内部是否需要交通标志？是否预留足够的空间设置交通标志？ ● 隧道是否按照隧道类型配置符合规范的设施？位置（如信号、灭火装置、电话及高度限制等）是否合理？ ● 交通标志的位置是否合理？ ● 路侧设施是否会成为发生碰撞时的危险？检查需用围栏保护的设备（如电话亭）？
标线	● 是否使用凸起的道路标线？ ● 是否应用 LED 引导灯？
照明	● 是否采用灯墙？ ● 入口区域是否设置尽可能低的照明亮度？ ● 隧道入口区域、过渡区域以及隧道内部采用的照明亮度是否合适？是否满足各车道的照明需求？ ● 是否在交通流量较小且有行人和自行车通行的隧道提高照明亮度？ ● 是否考虑在交通流量较低的隧道提高照明亮度？使驾驶员有较好的适应性。 ● 隧道行驶时间超过 2 分钟时，其照明设备间距是否考虑了闪烁效应？
排水	● 隧道入口的排水设计是否合理？特别是下坡隧道。

据挪威《道路安全审图与排查指南》整理

在进行现场踏勘时，需要做好记录工作。附表 2 展示了丹麦《丹麦道路安全审图排查指南》建议的现场记录内容。

附表 2　道路安全排查现场踏勘记录内容

对问题的简短陈述：
对解决方案的简短陈述：
解决措施分类： ● 需要立即采取的措施； ● 需要在日常运营中或是配合日常运营采取的措施； ● 需要设计与施工手段采取的措施； ● 道路临近环境需要改善的措施
问题分类： ● 视距； ● 安全区； ● 停车； ● 照明； ● 信号系统； ● 维护（标志、标线磨损，路肩、路缘不平整等）； ● 排水； ● 绿化； ● 标志、标线； ● 路口设计； ● 交通规则（限速、停车、禁止驶入、禁止停车等）
问题按严重程度分类：

参考文献

[1] Álvaro, G. The Experience of Spain in Reducing Road Deaths in Urban Areas. Report for the Directorate General of Traffic [EB/OL]. 2015. http://etsc.eu/wp-content/uploads/The-experience-of-Spain-in-reducingroad-deaths-in-urban-areas-%C3%81lvaro-G%C3%B3mez-M%C3%A9ndez-DGT.pdf.

[2] Angel, S. The Planet of Cities [M]. Cambridge, MA: Lincoln Institute of Land Policy, 2012.

[3] Belin, M.A. Presentation to the Swedish Transport Administration Vision Zero Academy [R]. Vilnius, Lithuania, 2015.

[4] Belin, M.A., P. Tillgren, and E. Vedung. Vision Zero: A Road Safety Policy innovation [J]. International Journal of Injury Control and Safety Promotion, 2012, 19 (2): 171–179.

[5] Bernard, S.A., V. Nguyen, P. Cameron, K. Masci, M. Fitzgerald, D.J. Cooper, and T. Walker. Prehospital Rapid Sequence Intubation Improves Functional Outcome for Patients with Severe Traumatic Brain Injury: A Randomized Controlled Trial [J]. Annals of Surgery, 2010, 252: 959–965.

[6] Byron, Kidd. Tokyo Bicycle Lane Improvements [EB/OL]. 2014. https://bit.ly/2WN8vQp.

[7] 交 通 研 究 中 心 (Center for Transportation Studies). Minnesota TZD: 10 Years of Progress. Minneapolis: Minnesota TZD [EB/OL]. 2013. http://www.minnesotatzd.org/whatistzd/mntzd/mission/documents/decade_report_tzd.pdf.

[8] Cohen, L., and S. Swift. The Spectrum of Prevention: Developing a Comprehensive Approach to Injury Prevention [J]. Injury Prevention, 1999, 5 (3): 203–207.

[9] The Cycling Embassy of Denmark (CED). Economic evaluation of cycle projects -methodology and unit prices[EB/OL]. 2009. http://www.cycling-embassy.dk/wp-content/uploads/2010/06/

COWI_Economic-evaluation-of-cycle-projects.pdf.

[10] The Cycling Embassy of Denmark (CED). Copenhagen City of Cyclists, Bicycle Account 2010 [EB/OL]. 2010. http://www.cycling-embassy.dk/wp-content/uploads/2011/05/Bicycle-account-2010-Copenhagen.pdf.

[11] The Cycling Embassy of Denmark (CED). Good, Better, Best – The City of Copenhagen' s Bicycle Strategy 2011-2025 [M]. Copenhagen, Denmark: Technical and Environmental Admistration, City of Copenhagen, 2012.

[12] The Cycling Embassy of Denmark (CED) [EB/OL]. 2019. http://www.cycling-embassy.dk/facts-about-cycling-in-denmark/statistics/.

[13] 丹麦道路安全委员会 (Danish Road Safety Commission). Every Accident Is One Too Many—a Shared Responsibility: National Action Plan 2013–2020. Copenhagen: Danish Ministry of Transport [EB/OL]. 2013. http://www.faerdselssikkerhedskommissionen.dk/sites/kombelt.dev2.1508test.dk/files/filer/Danish%20National%20Action%20plan%202013-2020%20%E2%80%9CEvery%20Accident%20is%20one%20too%20many%20%E2%80%93%20a%20shared%20responsibility.pdf.

[14] Deng, Fei., Phillip Jordan, and Mike Goodge. 减少中国交通事故：加强使用道路安全审计 . Washington, DC: World Bank [EB/OL]. 2012. https://documents1.worldbank.org/curated/en/595131468217761911/pdf/728930BRI0CHIN0ad0Safety0Audit0Chn.pdf

[15] Duduta, N., Adriazola-Steil, C., Hidalgo, Dario., John, Vineet., and Wass, Carsten. Traffic Safety on Bus Priority Systems [EB/OL]. Washington, DC: World Resources Institute. 2015. https://www.wri.org/research/traffic-safety-bus-priority-systems.

[16] Elvik, R. Quantified Road Safety Targets: A Useful Tool for Policy Making? [J].Accident Analysis and Prevention, 1993, 25 (5): 569–83.

[17] Elvik, R. Evaluations of road accident blackspot treatment: a case of the iron law of evaluation studies? [J]. Accident Analysis & Prevention, 1997, 29(2): 191-199.

[18] 欧盟 (European Commission). Towards a European road safety area: policy orientations on road safety 2011-2020. European Commission [EB/OL]. 2010. https://ec.europa.eu/transport/sites/transport/files/road_safety/pdf/com_20072010_en.pdf.

[19] 欧洲统计局 (Eurostat). Road Safety Statistics at Regional Level [EB/OL]. 2017. http:// ec.europa.eu/eurostat/statistics-explained/index.php/Road_ safety_statistics_at_regional_level.

[20] 美国联邦公路管理局 (Federal Highway Administration). FHWA Road Safety Audit Guidelines. Washington, DC: FHWA (Federal Highway Administration) [EB/OL]. 2006. https://safety.fhwa.dot.gov/rsa/guidelines/.

[21] 美国联邦公路管理局 (Federal Highway Administration). Road Safety Audits (RSA) [EB/OL]. 2018. https://safety.fhwa.dot.gov/rsa/.

[22] 高德地图 . 交通运输行业：2019 年度中国主要城市交通分析报告 [R]. 国家信息中心大数据发展部，清华大学 - 戴姆勒可持续交通联合研究中心，同济大学智能交通运输系统（ITS）研究中心、未来交通与城市计算联合实验室，高德未来交通研究中心 , 2019. https://www.fxbaogao.com/pdf?id=1963014.

[23] 全球新车安全评鉴协会 (Global NCAP). The Potential for Vehicle Safety Standards to Prevent Deaths and Injuries in Latin America. London: Global NCAP [R]. 2016. http://www.globalncap.org/wp-content/uploads/2016/10/TRL_report_v1.pdf.

[24] Global Road Safety Facility (GRSF). Implementing the Recommendations of the World Report on Road Traffic Injury Prevention [R]. Country guidelines for the Conduct of Road Safety Management Capacity Reviews and the Specification of Lead Agency Reforms, Investment Strategies and Safe System Projects, by Bliss T & Breen J. Washington DC: World Bank Global Road Safety Facility, 2009.

[25] Haddon Jr, W. The changing approach to the epidemiology, prevention, and amelioration of trauma: the transition to approaches etiologically rather than descriptively based [J]. American journal of public health and the Nations health, 1968, 58(8), 1431-1438.

[26] Haddon Jr, W. On the escape of tigers: an ecologic note [J]. American Journal of Public Health and the Nations Health, 1970, 60(12), 2229-2234.

[27] 韩国交通研究院 (KOTI). KOTI Knowledge Sharing Report_Issue15 Korea' s 95% Reduction in Child Traffic Fatalities: Policies and Achievements [R]. 2014. https://english.koti.re.kr/user/bbs/BD_selectBbs.do?q_bbsCode=1017&q_bbscttSn=2014042300000133645&q_clCode=6&q_lang=eng.

[28] Hughes, B.P., A. Anund, and T. Falkmer. System Theory and Safety Models in Swedish, UK, Dutch and Australian Road Safety Strategies [J]. Accident Analysis and Prevention, 2013, 74: 271–78.

[29] 国际道路风险评估组织 (iRAP). 2014 iRAP Financial Statement [EB/OL]. Hampshire, UK. 2014. https://www.irap.org/2017/10/2014-irap-financial-statement/.

[30] 国际道路风险评估组织 (iRAP). Vaccines for Roads [EB/OL]. Hampshire, UK. 2015. http://www.irap.org/ phocadownload/Vaccines_for_Roads_3.pdf.

[31] 国际交通论坛 (ITF). Transport and Energy: The Challenge of Climate Change [EB/OL]. ITF/OECD. 2008. https://doi.org/10.1787/22189750.

[32] 国际交通论坛 (ITF). Zero Road Deaths and Serious Injuries: Leading a Paradigm Shift to a Safe

System. [EB/OL]. ITF/OECD. 2016. https://doi.org/10.1787/9789282108055-en.

[33] Job, S., and C. Sakashita. Management of Speed: The Low-Cost, Rapidly Implementable Effective Road Safety Action to Deliver the 2020 Road Safety Targets [J]. Journal of the Australasian College of Road Safety, 2016, 27 (2): 65–70.

[34] José Segundo López, David Pérez Barbosa,Natalia Lleras. Effect of Reducing and Enforcing Speed Limits in Selected Arterial Roads in Bogota [C]. Transportation Research Board Annual Meeting 2020.

[35] Jung, Namji, and Jaehoon Sul. Handbook of Measuring Socio-Economic Consequences of Traffic Crashes [M]. Korea: KOTI (The Korea Transport Institute), 2014.

[36] Li, Qingfeng. 2019. Speed and Helmet Use for Non-Motorized Vehicle Users in Shanghai [C]. Injury Prevention, Baltimore. Johns Hopkins University, 2019, 116-122.

[37] Manan M M A. Motorcycle Crashes in Malaysia–Status, Risk Factors and Interventions [EB/OL]. 2019. https://www.miros.gov.my.

[38] 丹麦交通部（Ministry of Transport-Denmark）. Manual of Road Safety Audit [EB/OL]. 2009. https://www.gtkp.com/assets/uploads/20091210-210338-4660 manual%20Road%20Safety%20 Audit%20Copenhagen.pdf.

[39] Munnich, Lee W., Jr., F. Douma, X. Qin, J.D. Thorpe, and K. Wang. Evaluating the Effectiveness of State Toward Zero Deaths Programs. Technical Report [R]. Minneapolis: Center for Excellence in Rural Safety, University of Minnesota, 2012.

[40] 美国国家城市交通官员学会和美国全球城市设计倡议协会 (NACTO and Global Designing Cities Initiative) . Global Street Design Guide [EB/OL]. Washington, DC: Island Press. 2016. https://globaldesigningcities.org/publication/global-street-design-guide/

[41] 美国国家城市交通官员学会 (NACTO). Urban Street Design Guide 2013 [EB/OL]. 2013. https://nacto.org/urban-street-design-guide-2013/.

[42] National Roads Authority. 2Road Safety Audit [EB/OL]. Dublin: National Roads Authority. 2015. https://www.tiipublications.ie/library/GE-STY-01024-04.pdf

[43] 挪威公共道路管理局 (Norwegian Public Roads Administration). Road Safety Audits and Inspections [EB/OL]. 2014. http://hdl.handle.net/11250/196368

[44] Nielsen, K., C. Mock, M. Joshipura, A.M. Rubiano, A. Zakariah, and F. Rivara. Assessment of the Status of Prehospital Care in 13 Low- and Middle-Income Countries [J]. Prehospital Emergency Care, 2012, 16(3): 381–89.

[45] Nilsson, G. Traffic Safety Dimension and the Power Model to Describe the Effect of Speed on Safety [D]. Lund, Sweden: Lund Institute of Technology, 2004.

[46] 加纳国家道路安全委员会 (Nation Road Safety Commission). Action Plans of The National Road Safety Strategy III [C]. Accra: Ministry of Transport, 2015.

[47] 纽 约 市 (New York City). Vision Zero Action Plan [EB/OL]. New York: New York City Government 2014. http://www1.nyc.gov/assets/visionzero/downloads/pdf/nyc-vision-zero-action-plan.pdf.

[48] 经 合 组 织 (OECD). Towards Zero: Achieving Ambitious Road Safety Targets through a Safe System Approach [R]. OECD, Paris, OECD 2008 for summary document, 2008.

[49] 经合组织 (OECD). ITF Transport Outlook 2015 [EB/OL]. OECD Publishing. 2015. http://public.eblib.com/choice/publicfullrecord.aspx?p=1968740.

[50] Peden, M., Scurfield, R., Sleet, D., Hyder, A. A., Mathers, C., Jarawan, E., and Jarawan, E. World report on road traffic injury prevention [R]. World Health Organization, 2004.

[51] People for Bikes. 2019. California' S E-Bike Law [EB/OL]. https://peopleforbikes.org.

[52] Phil Allan. Road Safety Inspections [EB/OL]. 2006. https://www.piarc.org/ressources/documents/actes-seminaires06/c31-togo06/8718,2-PIARC_Oct06_Allan.pdf.

[53] PIARC (World Road Association). Strategic Global Perspective [EB/OL]. 2012. https://roadsafety.piarc.org/en/strategic-global-perspective-scope-road-safety-problem/.

[54] Reason, J. Human Error: Models and Management [J]. British Medical Journal, 2000, 320 (7237): 768–70.

[55] Sanchez-Mangas, R., A. Garcia-Ferrer, A. de Juan, and A. Arroyo. The Probability of Death in Road Traffic Accidents: How Important Is a Quick Medical Response? [J]. Accident Analysis and Prevention, 2010, 42(4): 1048–56.

[56] Sharpin, Anna Bray, Dan Harris, Helen Dempster, and Alina Rocha Menocal. Securing Safe Roads: The Politics of Change [R]. London and Washington D.C.: Overseas Development Institute and World Resources Institute, 2018.

[57] Silverman, A. Rights of Way: Child Poverty & Road Traffic Injury in the SDGs. Paris and London: UNICEF and FIA Foundation [EB/OL]. 2016. https://www.fiafoundation.org/media/391038/rights-of-way-spreads.pdf.

[58] Sul, Jaehoon. Korea' s 95% Reduction in Child Traffic Fatalities: Policies and Achievements [R]. Seoul: Korean Transport Institute, 2014.

[59] 荷兰道路安全研究所 SWOV (Stichting Wetenschappelijk Onderzoek Verkeersveiligheid [Institute for Road Safety Research]). Road Crash Costs.Fact sheet [EB/OL]. 2020. http://library.swov.nl/action/front/fulltext?id=113865.

[60] TRANSALT (Transportation Alternatives). The Vision Zero Investment: why new york must

rebuild its most dangerous streets now [EB/OL]. 2015. http://visionzeronetwork.org/wp-content/uploads/2015/04/NYC-Vision-Zero-Investment.pdf.

[61] 联合国可持续发展目标 (UNSDG). The Sustainable Development Goals Report 2019 [EB/OL]. New York: United Nations Statistics Division. 2019. https://unstats.un.org/sdgs/report/2019/The-Sustainable-Development-Goals-Report-2019.pdf

[62] Vejregler. Road Safety Inspection Handbook Denmark [EB/OL]. Denmark. 2014. https://vejregler.lovportaler.dk/showdoc.aspx?schultzlink=vd-2014-0054

[63] Wang, L., Ning, P., Yin, P., Cheng, P., Schwebel, D. C., Liu, J., and Hu, G. Road traffic mortality in China: analysis of national surveillance data from 2006 to 2016 [J]. The Lancet Public Health, 2019, 4(5), 245-255.

[64] Watkins, B.K., and D. Sridhar. Road Traffic Injuries: The Hidden Development Crisis [J]. Policy Briefing for the First Global Ministerial Conference on Road Safety, Moscow, Russia, 2013, 11：19–20.

[65] Wegman, F., L. Aarts, and B. Charlotte. Advancing Sustainable Safety: National Road Safety Outlook for 2005–2020 [R]. The Hague SWOV, 2006.

[66] Wegman, F., Lynam, D., and Nilsson, G. SUN flower: a comparative study of the developments of road safety in Sweden, the United Kingdom, and the Netherlands [R]. SWOV Institute for Road Safety Research, Leidschendam, the Netherlands, 2002.

[67] Wegman, F., J. Commandeur, E. Doveh, V. Eksler. SUNflower Next: Towards a Composite Road Safety Performance Index [R]. Leidschendam, Netherlands: SWOV, 2008.

[68] Wegman, F., H.Y. Berg, I. Cameron, C. Thompson, S. Siegrist, and W. Wiejermars. Evidence-Based and Data-Driven Road Safety Management [J]. IATSS Research, 2015, 39: 19–25.

[69] Welle, B., Q. Liu, W. Li, C. Adriazola-Steil, R. King, C. Sarmiento, and M. Obelheiro. Cities Safer by Design [R]. Washington, DC: World Resources Institute, 2015.

[70] Welle, Ben, Anna Bray Sharpin, Claudia Adriazola-Steil, Amit Bhatt, Saúl Alveano, Marta Obelheiro, Celal Tolga Imamoglu, Soames Job, Marc Shotten, and Dipan Bose. Sustainable and Safe: A Vision and Guide for Zero Road Deaths [R]. Washington, DC: World Resources Institute/Global Road Safety Facility, 2018.

[71] Luke, N., Welle, B. From China to Colombia, 5 Cities Making Streets Safer by Design [EB/OL]. [2018]. https://thecityfix.com/blog/china-colombia-5-cities-making-streets-safer-design-nikita-luke-ben-welle/.

[72] 世界卫生组织 (WHO). [EB/OL]. Geneva, Switzerland: World Health Organization. 2004. https://www.who.int/publications/i/item/world-report-on-road-traffic-injury-prevention.

[73] 世界卫生组织 (WHO). Speed Management: A Road Safety Manual for Decision-Makers and Practitioners [EB/OL]. 2008. Geneva: Global Road Safety Partnership. http://www.grsproadsafety.org/themes/default/pdfs/Speed%20management%20manual.pdf.

[74] 世界卫生组织 (WHO). Pedestrian Safety: A Road Safety Manual for Decision- Makers and Practitioners [EB/OL]. Geneva, Switzerland: WHO. 2013. https://www.who.int/publications/i/item/pedestrian-safety-a-road-safety-manual-for-decision-makers-and-practitioners

[75] 世界卫生组织(WHO). Global Status Report on Road Safety 2015 [EB/OL]. Geneva, Switzerland: WHO. 2015. https://www.afro.who.int/publications/global-status-report-road-safety-2015

[76] 世界卫生组织 (WHO). Post-crash Response: Supporting Those Affected by Road Traffic Crashes [EB/OL]. Geneva, Switzerland: WHO. 2016. https://www.who.int/publications/i/item/post-crash-response-supporting-those-affected-by-road-traffic-crashes

[77] 世界卫生组织 (WHO). Managing Speed [EB/OL]. Geneva, Switzerland: WHO. 2017. https://apps.who.int/iris/handle/10665/254760

[78] 世界卫生组织 (WHO). Powered Two-and Three-Wheeler Safety: a Road Safety Manual for Decision-Makers and Practitioners [EB/OL]. Geneva, Switzerland: WHO. 2017. https://apps.who.int/iris/handle/10665/254759

[79] 世界卫生组织(WHO). Global Status Report on Road Safety 2018 [EB/OL]. Geneva, Switzerland: WHO. 2018. https://www.who.int/publications/i/item/9789241565684

[80] 世界卫生组织 (WHO). 中国道路安全项目系列宣传资料——速度和超速 [EB/OL]. Geneva, Switzerland: WHO. 2010. https://www.docin.com/app/p?id=1227348060

[81] 世界银行 (World Bank). China Road Traffic Safety: The Achievements, the Challenges, and the Way Ahead [EB/OL]. Washington, DC: World Bank. 2008. https://openknowledge.worldbank.org/bitstream/handle/10986/7778/495620ESW0WHIT1ty1P11030101English1.pdf?sequence=1&isAllowed=y

[82] 世界银行 (World Bank). The World Bank Annual Report 2017 [EB/OL]. 2017. https://openknowledge.worldbank.org/handle/10986/27986 .

[83] 世界银行 (World Bank). The High Toll of Traffic Injuries: Unacceptable and Preventable [EB/OL]. 2018. http://hdl.handle.net/10986/29129.

[84] 北京市交通委员会 . 第五次北京城市交通综合调查总报告 [R]. 北京 : 北京市交通发展研究中心 , 2016.

[85] 陈世峰 . 2020. 行人过街安全性分析及对策探讨 [J]. 城市建设理论研究 , 2020,1 9:18-19.

[86] 陈泳，毛婕，奚文沁，等 . 机动化时代大城市居民步行行为特征与需求分析——以上海城市中心区为例 [J]. 现代城市研究 . 2016, 31 (7): 103-112.

[87] 邓一凌，陈前虎 . 城市居民步行出行特征分析与对比——以南京为例 [C]// 持续发展 理性规划——2017 中国城市规划年会论文集 [M]. 北京 : 中国建筑工业出版社 , 2017.

[88] 高德地图大数据 . 2017 年第一季度中国主要城市交通分析 [EB/OL]. 2017. http://cn-hangzhou.oss-pub.aliyun-inc.com/download-report/download/yearly_report/2017/2017 年中国主要城市交通分析报告 -final 版 .pdf.

[89] 国家统计局 . 中国统计年鉴 . [EB/OL]. 2019. http://www.stats.gov.cn/tjsj/ndsj/2019/indexch.htm.

[90] 国家统计局 . 中国统计年鉴 . [EB/OL]. 2020. http://www.stats.gov.cn/tjsj/ndsj/2020/indexch.htm.

[91] 李威，薛露露 . 自行车的回归 : 哥本哈根对中国的启示 [EB/OL]. 世界资源研究所 . 2016. https://www.wri.org.cn/the%3Dreturning-of-bicycles-in-Copenhagen.

[92] 刘坤，周玉田，尹海军 . 城乡接合部道路交通安全改善研究 [C]// 交通治理与空间重塑 , 2020 年中国城市交通规划年会论文集 , 2020.

[93] 马社强 , 吕志远 , 刘东 . 北京市电动自行车交通安全管理对策 [J]. 中国人民公安大学学报 (自然科学版). 2019-2-15.

[94] 潘高峰 , 拼了！为了遏止 “包饺子” 事故，这个区一口气改造了 722 个路口 [EB/OL]. 新民晚报 . 2021. https://wap.xinmin.cn/content/31926220.html.

[95] 人民网 . 电动自行车保有量约两亿辆相关安全事故该如何避免 [EB/OL]. 2018. http://industry.people.com.cn/n1/2018/0530/c413883-30021880.html.

[96] 上海市城乡建设和交通发展研究院 . 上海市第五次综合交通调查主要成果 [J]. 交通与运输 , 2015 (6): 15-18 .

[97] 夏森炜 , 宋科 , 蔡冠青 . 城市步行与自行车绿色交通系统规划建设研究——以厦门岛为例 [J]. 福建建筑 . 2019(6): 10-13.

[98] 徐程，管满泉 . 电动自行车交通事故严重程度影响因素分析——以杭州市为例 [J]. 中国人民公安大学学报 (自然科学版). 2018, 03: 75-8.

[99] 赵琳娜 . 城市道路交通事故特点及解决对策 [J]. 汽车与安全 . 2018(5): 68-70.

[100]张胜雄 . 混合车流情境之机车交通安全工程设计方法研究 [R]. 台北：交通运输研究所 , 2013.

[101]中国疾病预防控制中心慢性非传染性疾病预防控制中心及全球儿童安全组织 . 中国青少年儿童伤害现状回顾报告 [R]. 2017.

[102]中国政府网 . 北京市第五次综合交通调查结果出炉 小汽车出行比例首次下降 [EB/OL]. 2016. http://www.gov.cn/xinwen/2016-07/07/content_5089031.htm.

[103]朱建安，戴帅，朱新宇 . 电动自行车交通事故特征与安全改善对策 [J]. 城市交通 , 2018(3): 15-20.